BUZZ

© 2019 Buzz Editora

Publisher ANDERSON CAVALCANTE
Editora SIMONE PAULINO
Editora assistente LUISA TIEPPO
Projeto gráfico ESTÚDIO GRIFO
Assistentes de design LAIS IKOMA, NATHALIA NAVARRO
Revisão MARCELO LAIER, JORGE RIBEIRO

Dados Internacionais de Catalogação na Publicação (CIP)
(Câmara Brasileira do Livro, SP, Brasil)

Barbosa, Christian
Por que as pessoas não fazem o que deveriam fazer? /
Christian Barbosa.
2ª ed. – São Paulo: Buzz Editora, 2019.
160 pp.

ISBN 978-85-93156-93-9

1. Autoajuda 2. Desenvolvimento pessoal I. Título.

                        159-947   CDD-158.1

Índices para catálogo sistemático:
1. Autoajuda 158.1
2. Autoajuda 159.947

Elaborado por Vagner Rodolfo da Silva CRB-8/9410

Todos os direitos reservados à:
Buzz Editora Ltda.
Av. Paulista, 726 – mezanino
CEP: 01310-100 São Paulo, SP

[55 11] 4171 2317
[55 11] 4171 2318
contato@buzzeditora.com.br
www.buzzeditora.com.br

Do autor de *A tríade do tempo*

CHRISTIAN BARBOSA

POR QUE AS PESSOAS NÃO FAZEM O QUE DEVERIAM FAZER?

EQUILÍBRIO ← VIDA → RESULTADO

7   Cansei

13   A Matriz da Vida

25   Os perfis da Matriz da Vida

43   O que impede você de ter equilíbrio e resultado?

57   Energia pessoal: o ingrediente para seu cérebro sair do lugar

75   Muitas ideias, muitos começos, poucas realizações

97   Preparando suas ideias para serem executadas

113   Por que as ideias não saem do lugar?

141   Pessoas que alcançaram resultado e equilíbrio

151   Conclusão e aprendizagem pessoal

CANSEI

Hoje estou aqui para fazer uma confissão, ou melhor, um desabafo; afinal, estamos juntos há tanto tempo. Muitas vezes me senti usado, maltratado e mal interpretado. Você diz que eu tenho pressa e fico sempre correndo quando o assunto é você. Diz também que não me tem inteiro, mas raras vezes repara que estou sempre presente. E me acusa até de não lhe dar atenção, mas na verdade é você que não está nem aí para mim.

Você reclama que não estou disponível quando precisa de mim, mas na verdade nunca deu valor quando eu estava livre.

Agora eu cansei. Passei para dizer que, na verdade, não sou o único errado nessa história. Estou sempre aqui e sempre à disposição, mas você não me valoriza. Só lembra de mim quando fica doente ou quando está todo enrolado com sua rotina de trabalho.

Sou muito democrático e gosto de seguir aquilo que você determina. Então sou simplesmente um reflexo de suas próprias atitudes e decisões.

Eu não reclamo, mesmo quando você me ocupa com coisas que não têm nada a ver, que fazem mal ou que não trazem nenhum tipo de resultado ao nosso relacionamento.

Estou aqui para lembrá-lo de que nós podemos ter um relacionamento melhor, mais estável, mais alegre e equilibrado. Afinal, é simplesmente isso que eu quero. Você é a pessoa que escolhi para viver até o fim dos dias e isso nunca ninguém poderá mudar.

Estou aqui para perdoar-lhe e ser perdoado, pois ainda temos uma jornada juntos e podemos sempre começar de novo, mesmo sem mudar o passado.

Estou aqui para lhe dizer que cansei de ser apenas seu tempo. Queria ser a sua vida. Mas essa é uma decisão que apenas você poderá tomar.

Eu me chamo tempo. Mas você pode me chamar de família, relógio, trabalho, descanso, lazer ou qualquer outra coisa.

Vamos fazer as pazes?

*

Esse foi um dos textos mais acessados do meu blog enquanto eu escrevia este livro. Meu propósito ao criá-lo foi basicamente resumir tudo o que escuto ou recebo em meu e-mail de muitas pessoas que simplesmente se cansaram da vida que estão levando.

Esse cansaço é o conjunto de fatores que, juntos ou de forma isolada, acabam causando um impacto em nosso dia a dia. Muitos se cansam por não terem tempo de fazer aquilo de que realmente gostam; outros, por não verem o resultado de seus esforços; alguns estão estressados, exaustos de tanto procrastinar a vida; outros já não conseguem manter o equilíbrio ou simplesmente perderam o gosto pelas coisas simples; e há ainda aqueles que sentem tudo isso e mais um pouco.

O texto que escolhi para abrir este livro é um manifesto para as pessoas que já não conseguem ir em frente e que precisam de uma nova energia para fazer sua vida deslanchar, para ter mais qualidade de vida e realizações.

O mundo está cansado e apressado. Hoje em dia quase todas as pessoas vivem atrasadas, correndo de um lado para outro e cheias de coisas para fazer. É raro encontrar alguém que esteja fora desse ciclo estressante. Quando surge uma pessoa assim, muita gente a considera esquisita, mas no fundo é apenas inveja disfarçada. Ainda não conheci alguém que não quisesse ter uma vida mais equilibrada, com resultados; o que não significa ausência completa de estresse, e sim um controle sobre os fatos estressantes de modo que não cheguem a prejudicar seu dia a dia.

Um estudo recente da International Stress Management Association do Brasil (ISMA-BR) mostrou que, em cada dez profissionais, seis se dizem estressados. Outra pesquisa revelou que o Brasil é o segundo país mais estressado do mundo, perdendo apenas para o Japão e seguido pelos Estados Unidos, que está em terceiro lugar!

Um levantamento realizado em 2009 pelo Centro Psicológico de Controle do Stress (CPCS), abrangendo todo o Brasil, mostrou que 35% dos avaliados apresentavam níveis de estresse que já traziam algum comprometimento à saúde, de onde se conclui que o estresse vai literalmente matar muita gente nos próximos anos, se algo não for feito. O esforço deve partir, inclusive, da esfera federal, como já se vê em alguns países europeus, que têm defendido políticas de qualidade de vida em diversos segmentos da sociedade, tamanho o impacto desse fator na saúde pública.

Você conhece pessoas estressadas? Será que o estresse está afetando sua vida? Qual o impacto do estresse no seu desempenho pessoal? E nos resultados de sua empresa?

O problema não está unicamente no estresse, ele é apenas o fator mais citado. Cada vez mais a depressão vem tomando conta da mente das pessoas. De acordo com a Organização Mundial da Saúde (OMS), a depressão será a doença mais comum do mundo até 2030. Atualmente, estima-se que mais de 121 milhões de pessoas sofram desse mal e que a doença esteja associada à morte de 850 mil pessoas por ano! A depressão é causada não só por fatores biológicos e hormonais, mas também pelo ambiente em que as pessoas vivem e pelas cobranças e pressões que elas enfrentam no dia a dia. Os números são impressionantes: nos Estados Unidos a depressão tem um custo de 35 bilhões de dólares por ano. Dores de cabeça, artrite e dor nas costas chegam a custar 47 bilhões de dólares (*Journal of the American Medical Association*). É um custo alto para as empresas e para a sua vida também!

Dois termos têm-se tornado frequentes no mundo profissional em decorrência dessas doenças da vida moderna: absenteísmo e "presenteísmo". Absenteísmo é quando a pessoa chega atrasada ou falta ao trabalho por causa de algum problema, geralmente relacionado à saúde. Por outro lado, presenteísmo é a perda de produtividade do profissional em razão de problemas reais de saúde (e não de preguiça, enrolação etc.).

No Brasil, estima-se um prejuízo anual na ordem de 42 bilhões de reais, enquanto nos Estados Unidos a perda financeira seria de 150 bilhões de dólares por ano. Esses são números preliminares, que, com certeza, devem ser muito superiores.

As empresas sofrem com o problema, mas as pessoas que o vivenciam sofrem ainda mais, pois acabam caindo num círculo vicioso: quanto menos qualidade de vida e tempo para se cuidar (em todos os aspectos), mais problemas de saúde, estresse, depressão etc.

Uma pesquisa recente do site de empregos www.monster.com, realizada com cerca de 30 mil profissionais no mundo todo, revelou que 76% deles trabalham mesmo doentes, sendo que 28% não ficam em casa e vão trabalhar doentes pois têm medo de perder o emprego, 35% afirmam que, mesmo sem condições, trabalham em razão do grande volume de atividades e têm a sensação de não poder perder um único dia, e 13% ficam trabalhando em casa quando estão doentes. Apenas 24% dos entrevistados revelaram que preferem ficar em casa e só voltar a trabalhar quando estão plenamente recuperados.

As pessoas estão sem tempo até para ficar doentes! Será que tudo isso está valendo a pena? Será que viver desse jeito traz todo o resultado que você gostaria? Será que você terá orgulho dessa rotina estressante quando estiver nos últimos dias de sua vida?

Vidas adiadas

O problema dessa vida sem tempo, sem alegria, sem graça, sem resultados e sem equilíbrio que muita gente insiste em levar é que, agindo assim, as pessoas procrastinam a própria vida. Vivem sem viver de verdade. Deixam de fazer o que deveria ser feito.

O maior de todos os problemas gerados por esses fatores é o adiamento de coisas que não deveriam ser adiadas. É o pai que fica sem tempo nem disposição para brincar com os filhos, o executivo que deixa de ir ao médico ou de se dedicar à prática de um novo esporte, a mãe que reduz seu tempo com a família, o jovem que deixa de viver as coisas simples que não são consideradas urgentes.

Deixamos de realizar nossos sonhos, de levar adiante nossas ideias, nossos projetos, de tentar coisas novas, e acabamos caindo numa tendência atual conhecida como "nowísmo" (do inglês *nowism*, termo derivado da palavra *now*, que significa "agora"), ou seja, estamos sempre prontos para a ação. O neologismo serve para definir bem este tempo em que tudo acontece na velocidade de um clique, no limite de 140 letras de um tweet, na instantaneidade de um e-mail.

Tudo se soma, é a perda de referência do amanhã diante da pressa e do estresse do imediato. E aí vem a sensação de que a vida está passando rápido demais! Claro que está! A percepção de aproveitar o dia a dia deixou de existir. É tudo para ontem.

Precisamos mudar, evoluir, viver com mais qualidade e prosperidade. Precisamos aproveitar o tempo, pois ele é a base de tudo em nossa vida; é a única coisa que nunca mais retornará a partir do momento em que você a perder, porque os bens materiais e, em certa medida, até mesmo a saúde e os amigos podem ser recuperados. Viver com mais resultado e equilíbrio – este é o desafio!

O objetivo deste livro é ajudar você a sair do lugar onde está e começar a caminhar em direção a uma vida mais plena. Você verá que muitas pessoas permanecem cansadas, dando murro em ponta de faca, enquanto o tempo passa.

Não digo que seja fácil nem que todas as respostas sejam conhecidas, mas também não é impossível. Se, de fato, você quiser, vai fazer a coisa acontecer e fluir com mais naturalidade. É uma questão de ensinar seu cérebro a ter novas atitudes e respostas para seu comportamento-padrão, e isso você faz atuando de formas diferentes, exercitando-se literalmente. Como diria o mestre Yoda, do filme *Star Wars*: "Você não acredita, por isso não consegue."

As pessoas não fazem aquilo que deveriam fazer simplesmente porque não dão o primeiro passo. Elas pensam na jornada e anteveem todas as dificuldades, o esforço, o tempo necessário para fazer a coisa acontecer.

Tudo isso dá preguiça, e elas acabam por desistir. O primeiro passo é entender que essa batalha interna vai acontecer, é natural, mas que somos capazes, como nos ensinam várias pessoas neste livro.

O primeiro passo é uma nova atitude, uma vontade de ter um amanhã diferente e a certeza de que a vida não escolhe ao acaso quem vai dar certo, mas promove aqueles que se predispõem a ser escolhidos.

Vamos começar essa jornada?

A MATRIZ DA VIDA

Você já parou para pensar no que realmente significa aproveitar a vida? O que será que estamos buscando no meio de tanto estresse, correria e agitação? O que de fato estamos querendo?

Todo mundo fala de qualidade de vida, das melhores empresas para se trabalhar, do emprego perfeito, da fórmula mágica de uma vida que realmente valha a pena. Eu conheço muitas pessoas que trabalham nas empresas mais conceituadas, segundo o critério de importantes revistas nacionais. A empresa perfeita, os benefícios perfeitos, a qualidade de vida perfeita. Mas será que as pessoas estão mesmo felizes? A maior parte delas, quando questionada, diz que não está plenamente satisfeita. Falta algo. Acho que esta é a natureza humana: nunca estamos satisfeitos, ou melhor, nunca damos valor àquilo que, na prática, já nos realiza como pessoas.

Os melhores profissionais, nas melhores empresas, quase sempre estão levando uma vida sem qualidade. Afinal de contas, qualidade de vida não se compra na farmácia ou na livraria. É uma questão de entender o que lhe traz equilíbrio e resultado. A partir do momento em que isso se torna claro, fica mais fácil perceber o que você já tem e o que falta para chegar lá.

Conheci um executivo que estava sofrendo da síndrome de Burnout (caso extremo de estresse) aos 30 anos de idade. Teve uma carreira meteórica, formou-se em engenharia civil, depois fez alguns cursos fora do país. Logo após o bacharelado, conseguiu seu primeiro emprego como trainee em uma grande construtora de São Paulo, rapidamente cresceu na empresa e com a pressa característica de um profissional da geração Y, após passar por outros empregos, conseguiu um cargo gerencial em uma outra companhia. Casado, pai de uma menina de

1 ano e meio e totalmente sugado pela pressão do dia a dia, foi nesse exato momento de sua vida que o conheci.

Eu estava dando um treinamento nessa construtora e na hora do almoço tivemos a oportunidade de conversar um pouco mais sobre a sua vida. Algumas semanas antes, o médico lhe dissera que ele passava por uma séria crise de estresse, o que estava ocasionando aumento da pressão arterial, palpitações, enxaquecas frequentes, alergias e insônia. Em casa, a esposa se queixava de sua ansiedade, seu nervosismo e suas mudanças bruscas de humor. Ele me contou que estava insatisfeito com a sua vida, com o caminho que a sua carreira estava tomando e com a empresa em que trabalhava.

Em pouco tempo saiu da euforia da oportunidade para o desgosto do dia a dia. Culpar a empresa, a equipe, a família ou a si próprio não é a solução. Esse profissional, assim como milhares, sofre de um profundo desequilíbrio, porque o estresse tomou conta, o tempo deixou de existir e a vida ficou fora de controle.

No outro extremo encontra-se Pedro Mello, uma dessas pessoas raras que sabem viver sem estresse, um empreendedor que é um exemplo de qualidade de vida. Pedro, que se diz um *workaholic* tratado, foi executivo da Microsoft na década de 1990 e fundador da Plug Use, uma rede pioneira de lojas de informática instaladas nos principais shoppings do país. Nessa época, ele trabalhava sete dias por semana, doze a dezesseis horas por dia, e aprendeu com esse ritmo.

Hoje, a palavra de ordem na vida de Pedro é equilíbrio. Ele é sócio da produtora Papaya Filmes, do portal MBA60segundos e da agência Tecnozoide. Pedro aprendeu a trabalhar na medida do seu equilíbrio. Para ele, trabalhar muito não é sinônimo de trabalhar bem. Cumprindo em média seis horas diárias de serviço, não marca nenhuma reunião para antes das 10h, pois prefere estar totalmente recuperado e com bastante energia. Assim, ele reserva a manhã para ir ao parque fazer exercícios em vez de gastar tempo no trânsito insuportável de São Paulo.

Quando lhe perguntei se é produtivo nessas seis horas, ele disse que consegue resultados muito melhores agora do que na época em que trabalhava o dobro. Para fazer essa transição, ele investiu no autoconhecimento: descobriu quem realmente é, o que busca e o que precisa tirar da vida; aprendeu a fazer uma coisa de cada vez, com intensidade, e a dar valor a tudo o que há de mais simples no dia a dia.

Pedro Mello é aquele tipo de pessoa com a qual você se sente em paz, pois ele passa tranquilidade ao conversar. Nada de pressa, correria ou adrenalina.

Ele vive uma vida de resultados. Feliz com o mundo, faz aquilo de que gosta, aprendeu a dizer não à pressa e a ter o ritmo certo.

Equilíbrio e resultado

Esses dois exemplos de "vida" são perfeitos para fundamentar um conceito que venho formulando ao longo de todos esses anos dedicados à pesquisa e ao estudo da produtividade e da gestão de tempo.

Durante anos desenvolvi um trabalho na Triad Productivity Solutions (empresa especializada em estratégias de produtividade, da qual sou presidente), junto a diretores e presidentes de grandes companhias, no qual implementava um processo de produtividade pessoal ou em equipe por meio de técnicas de *Mentoring*, sistema de orientação baseado em estatísticas históricas e padrões de comportamento produtivo. Em resumo, acompanhava o dia a dia desses profissionais e, em conjunto, desenvolvíamos modelos de maior qualidade de vida através do melhor uso do tempo para obter mais resultados para a empresa e na vida.

Foi uma experiência incalculável, primeiro em razão da possibilidade de compartilhar um pouco da rotina e experiência de grandes profissionais, CEOs e empresários do país; segundo, por me permitir entender o que verdadeiramente significa "alta performance" ou "alta produtividade". Algumas de minhas crenças a respeito desse assunto sem dúvida foram quebradas, mas duas coisas chamaram-me a atenção: equilíbrio e resultado. Foi interessante descobrir que milhões na conta bancária não compram segundos de equilíbrio, saúde e tempo familiar. Para muitos, trabalhar para ter sucesso financeiro significou o fracasso em outras áreas da vida. Em alguns casos, profissionais que conseguiam um bom nível de equilíbrio pessoal não alcançavam resultados palpáveis.

Se pudéssemos resumir a duas grandezas o que está sempre por trás de tudo aquilo que buscamos em nossa existência, elas seriam equilíbrio e resultado. Qualquer coisa que você tente conseguir na vida entra em uma dessas duas categorias. Você pode não ter consciência disso, mas é algo que faz parte de nossa essência. Tempo e dinheiro são apenas uma parte desse princípio, que vai muito mais além.

EQUILÍBRIO ← VIDA → RESULTADO

É impressionante como esses dois conceitos são tão conflitantes na vida da maioria das pessoas. Não precisaria ser assim, mas é uma realidade. Se a vida fosse uma balança, ela estaria ora pendendo para o lado do equilíbrio, ora para o lado do resultado. Isso é normal durante certo período da vida, mas nosso objetivo é colocar essa balança alinhada, e é isso que devemos buscar, ou seja, termos resultados na mesma proporção que temos equilíbrio. Isso é viver seu tempo com sabedoria e qualidade.

Os dicionários definem equilíbrio, entre outras coisas, como justa proporção; harmonia; domínio de si mesmo. Equilíbrio, segundo a noção aqui apresentada, é tudo aquilo que nos traz tranquilidade, paz de espírito, saúde e convicção de ter realizado a coisa certa; é o conjunto de nossas quatro dimensões humanas (física, mental, espiritual e emocional). Eu gosto da definição de equilíbrio como harmonia, justa proporção, algo que nem é de mais nem de menos, mas a medida certa daquilo que nos traz felicidade. É o amor em todos os seus aspectos, vivido de forma intensa, constante e no momento certo. É uma vida que sabe dosar o estresse e a calmaria, de forma que um contrabalance o outro, fazendo prevalecer uma sensação de paz e bem-estar. É o trabalho em harmonia com suas aspirações, com seu relacionamento, com seu relaxamento. Equilíbrio é a certeza absoluta de viver aquilo que buscamos SER.

Já a definição de resultado contida nos léxicos inclui: aquilo que resultou ou resulta de alguma coisa; consequência, efeito, produto; fim, termo; deliberação, decisão; ganho, lucro. Segundo o conceito aqui proposto, resultado são os objetivos que conquistamos em nossa vida, as pequenas e grandes vitórias do dia a dia, os sonhos que são alcançados, a carreira bem construída, nossos méritos escolares, nossos bens materiais, nossa riqueza pessoal. O peso/corpo ideal é um resultado. A conquista de uma pós-graduação ou a realização de um curso específico é um resultado. Seu cargo almejado, o crescimento da empresa em função do seu talento, seu novo celular, prêmios esportivos, a sua agenda cumprida no fim do dia, a sua capacidade de falar outras línguas, entre outras coisas, são exemplos de resultados em

MILHÕES NA CONTA BANCÁRIA NÃO COMPRAM SEGUNDOS DE EQUILÍBRIO, SAÚDE E TEMPO FAMILIAR.

nossa vida. O mesmo se pode dizer do poder pessoal que os grandes empresários ou governantes conquistam ao longo de sua existência. Resultado são as coisas que buscamos TER em nossa vida.

*

Agora que esclarecemos o significado dessas palavras, passamos a entender o peso que elas têm em nossa vida e o que de fato significa uma vida com qualidade.

Parece simples, mas a importância que uma pessoa atribui a cada um desses conceitos expressa a forma como ela está usando seu tempo. Compreender essa relação é uma maneira de avaliar com segurança se o hoje vai valer a pena quando chegarmos aos 90 anos.

Com base nesse critério, que compõe a dualidade com a qual precisamos aprender a lidar, desenvolvi um conceito chamado Matriz da Vida, que veremos em detalhes a seguir. O objetivo é ajudá-lo a entender em que ponto da matriz você está – de que maneira isso influencia sua vida e o impede de realizar as coisas que deveria fazer –, bem como a jornada para chegar a uma vida mais plena.

Você verá que, ao contrário do que algumas pessoas insistem em afirmar, nem sempre é preciso se entregar a uma rotina pesada e estressante para ter resultados na vida. É apenas uma parte da matriz, existem outras realidades.

A Matriz da Vida: equilíbrio × resultado

Desde que assisti à série de filmes *Matrix*, na qual Thomas Anderson – Neo, representado pelo ator Keanu Reeves – descobre em um futuro próximo que a "vida normal" é, na verdade, apenas um programa de computador de inteligência artificial que manipula as pessoas enquanto utiliza seus corpos a fim de criar energia para seu próprio sistema, percebi a impressionante relação do filme com a gestão de tempo que estudo, pois é chocante constatar quão conectadas estão as pessoas hoje em dia a seus smartphones, tablets, suas redes sociais, e-mails e toda essa tecnologia com a qual nos habituamos a viver. Vivemos conectados, mas será que estamos de fato conectados com o que verdadeiramente importa?

No filme, para sair desse "mundo irreal" é necessário tomar uma pílula para desconectar-se e ir para o mundo real, destruído e comandado pelas máquinas, no qual um pequeno grupo humano de resistência tenta trazer de volta a liberdade opondo-se à tirania imposta pelas máquinas.

O simbolismo desse filme tem tudo a ver com a gestão do tempo! Muitas pessoas estão presas à Matrix ou Matriz da Vida, vivendo como se fossem robôs comandados por qualquer coisa além de sua própria vontade, que foi substituída pelo estresse e pela falta de sentido.

Conheço centenas de exemplos que poderia citar aqui, mas quero fazer você refletir comigo. Pense no seu ambiente de trabalho, nas pessoas mais estressadas, que se empenham durante longas jornadas. A maioria delas abdicou da vida pessoal, não consegue tempo para se dedicar a um esporte nem a si mesma, algumas até ganham dinheiro, mas não têm tempo para usá-lo em benefício próprio, vivem dependentes do e-mail, do smartphone, estão literalmente tão "conectadas" com essa vida de escravidão que se desconectaram da vida real! É ou não é uma analogia com o filme *Matrix*?

Muita gente me pergunta o porquê do nome "Neotriad", sistema de produtividade pessoal e gestão de equipes da Triad que comecei a desenvolver em 2006 com base no Triad Software (2003). A palavra Triad vem do conceito de tríade do tempo (importante, urgente e circunstancial) e "Neo" está relacionado ao protagonista do filme *Matrix*, Neo, o codinome hacker de Thomas Anderson (Keanu Reeves) –, que representa a resistência contra a Matrix criada pelas máquinas do mal! É alguém lutando para trazer sua vida de novo à realidade! Por isso o nome Neotriad!

*

Para compreender o conceito de Matriz da Vida – Equilíbrio × Resultado, observemos o gráfico a seguir, que divide a matriz em quatro células, com base nos princípios de resultado e equilíbrio:

MATRIZ DA VIDA

Algumas considerações são extremamente válidas antes de você se identificar com qualquer uma das quatro células da matriz:

→ Não existem estereótipos fixos, ou seja, não adianta dizer: "Eu sou assim, esse é meu jeito e pronto!" Nada é permanente nesse princípio, caso seja sua vontade, você migra entre as células. O importante é estabelecer onde você está e aonde deseja chegar.

→ Não existe uma ordem predefinida, a matriz não é sequencial. Você pode nascer predisposto a equilíbrio e resultado e no momento atual estar sem resultados e sem equilíbrio. Tudo depende de como está tocando sua vida.

→ Tudo é mutável, como em qualquer balança; para atingirmos o nivelamento perfeito, basta acrescentar um pouco mais do ingrediente que está em desvantagem para atingir a estabilidade. É sempre possível efetuar mudanças. Repare que falei em acrescentar e não em tirar. Se você já tem resultados e não tem equilíbrio, vai aceitar perder o que já conquistou? É fácil falar, mas é difícil, na prática, alguém querer perder para ganhar. Isso pode, inclusive, inibir as pessoas, mesmo que inconscientemente, de realizar mudanças. Nesse conceito eu defendo o "e" e não o "ou", eu não quero perder um para ter o outro, eu preciso dos dois!

→ O ambiente perfeito é aquele em que você tem resultados e equilíbrio, este é nosso alvo. Quem entra nesse perfil saiu da "Matrix", está literalmente na 4ª dimensão, que é a porta de saída dessa prisão da Matriz da Vida. Quem chega a essa célula aprendeu a coordenar suas decisões no alinhamento de uma vida estável. Mesmo que, por algum motivo, essa pessoa alterne de célula por um período, seu know-how adquirido permite que ela rapidamente retorne a essa dimensão.

*

Vamos descobrir em que célula você está neste momento? A seguir, você tem uma versão simplificada e de fácil resolução para identificar a célula em que se encontra na Matriz da Vida.

Responda às perguntas de forma sincera, atribuindo uma nota de 1 a 4, conforme a escala a seguir:

1 – Nunca
2 – Raramente
3 – Às vezes
4 – Sempre

PERGUNTA	VALOR
Estou sobrecarregado com as tarefas do dia a dia e sempre tenho deixado coisas para depois.	
Estou insatisfeito com meus ganhos financeiros mensais.	
Não pratico nenhum tipo de esporte regularmente.	
Estou passando por um momento de estresse em minha vida.	
Ando tão cansado que estou deixando de lado meus sonhos e projetos pessoais.	
Não tenho tempo para dedicar à família, aos amigos, nem a meus hobbies.	
Faz tempo que não tenho reconhecimento por meu trabalho ou por minhas conquistas pessoais.	

Nos últimos anos sinto que meu patrimônio pessoal não teve grandes progressos.

Estou meio perdido quanto às coisas que preciso realizar na minha vida para dar o próximo passo.

Não consigo relaxar no fim de semana e aproveitar meu tempo livre.

Estou passando por um momento difícil e ainda não encontrei uma saída.

Sinto que minha carreira está estagnada, sem promoções, sem networking de qualidade ou mesmo sem atualização.

Estou sem tempo para dedicar a mim mesmo.

Tenho dificuldades para dormir ou tenho uma qualidade de sono deteriorada.

Estou passando por um momento de dificuldades financeiras em minha vida.

Não consegui fazer os cursos importantes para minha carreira.

Não estou conseguindo economizar para investir em projetos que gostaria de realizar.

Moro em um local desconfortável, pouco seguro e pouco prazeroso para mim e minha família.

Some os pontos e veja em qual célula da matriz você se encontra:

19 a 31 – Célula 4: Alto equilíbrio e alto resultado
32 a 46 – Célula 3: Baixo equilíbrio e alto resultado
47 a 59 – Célula 1: Alto equilíbrio e baixo resultado
acima de 60 – Célula 2: Baixo equilíbrio e baixo resultado

Não deixe para depois, faça-o agora! Para fazer o teste na íntegra, visite www.christianbarbosa.com.br/matriz. Saber onde você se encontra atualmente na matriz será fundamental para os próximos capítulos.

OS PERFIS DA MATRIZ DA VIDA

Se você projetar uma luz sobre o gráfico da Matriz da Vida, vai perceber que um lado é mais escuro e o outro tem luz própria. As células inferiores da matriz são mais perigosas, pois deixam a pessoa mais perto de estresse, cansaço, desequilíbrio físico e mental, bem como da falta de tempo para si própria e para as pessoas mais chegadas. Esses sintomas estão diretamente relacionados com o baixo equilíbrio e, mesmo com alto resultado, essa configuração prejudica o dia a dia mais do que ajuda. A estagnação da vida nos prende em células em que não deveríamos estar, daí a constante sensação de que o tempo está passando rápido demais e que não estamos aproveitando a vida. Muitas pessoas passam por todas essas células durante certas fases da vida, outras já nascem nas células mais iluminadas e nelas permanecem. Vamos analisar as quatro células a partir de perfis de pessoas reais que permitiram compartilhar suas histórias com o leitor. Algumas, ainda que de forma anônima, conseguiram transmitir o perfil da célula. Vou começar compartilhando minha própria história. Analisando sob a ótica da matriz, posso dizer que tive momentos em cada uma das células.

Iniciei minha carreira na célula 1 (alto equilíbrio e baixo resultado). Ainda bem jovem, começando uma empresa do zero, com poucos clientes, eu não sabia o que era estresse, mas estava totalmente infeliz com meu resultado financeiro e com os pequenos projetos que a empresa conseguia.

Um ano depois migrei para a célula 3 (baixo equilíbrio e alto resultado).

A empresa crescia mais do que eu conseguia controlar: muitos projetos, muito dinheiro em caixa, equipe grande, estresse na mesma proporção. Minha saúde foi severamente afetada, o tempo para as coisas simples deixou de existir. Eu vivia para trabalhar e só pensava em ganhar mais dinheiro e projetos de grande proporção. Sem dúvida esse foi o período mais estressante da minha vida, principalmente pelos graves problemas de saúde por que passei e pela falta de tempo para mim mesmo.

Depois de uma dolorosa passagem pela célula 3, aprendi a lidar melhor com meu tempo. Comecei a reverter meu quadro de saúde e consegui ter uma vida mais tranquila, porém o sossego durou pouco. Houve um momento em que praticamente fali e perdi toda a segurança financeira que havia conquistado. Foi então que migrei para a célula 2 (baixo equilíbrio e baixo resultado). Isso foi por volta de 2001, com o estouro da bolha da internet e a crise decorrente do atentado de 11 de setembro nos Estados Unidos, casado e com um filho de 2 anos. Tive de demitir muitos funcionários, os clientes de minha empresa começaram a quebrar sem seus investidores, meu sócio morreu de infarto, contratos não foram cumpridos, o mercado estava péssimo e era praticamente impossível conseguir novos clientes. Meus investimentos foram liquidados e tive que vender diversos bens para saldar dívidas e retomar o fluxo de caixa da empresa. Paguei centavo por centavo, mas as preocupações, o esgotamento mental, a vergonha e a decepção foram sentimentos recorrentes durantes alguns meses da minha vida. Devo agradecer a Deus por tanto aprendizado!

No ano seguinte, comecei por acaso minha carreira de palestrante (organizei um evento, mas um dos palestrantes furou na última hora e tive que assumir o lugar dele). Depois, iniciei um novo ciclo em minha vida, reergui minha empresa de tecnologia, passei a investir dinheiro de forma mais inteligente e a arranjar tempo para as coisas realmente importantes. Foi quando entrei na célula 4 (alto equilíbrio e alto resultado), na qual me encontro no exato momento em que escrevo este livro e onde pretendo permanecer pelo resto da vida. Não existe uma sequência definida, mas nosso foco é ir em direção à célula 4 da matriz.

1. Conformado: alto equilíbrio e baixo resultado

A célula 1 corresponde àquelas pessoas que conseguiram conquistar um alto nível de equilíbrio na vida, apesar de terem baixo resultado. À primeira vista, isso pode soar estranho para alguns: como ter equilíbrio se a pessoa quase não tem resultados? Entenda que baixo resultado não significa não ter dinheiro, nem carreira; pelo contrário, muitas vezes a pessoa tem um determinado padrão de ganho mensal, uma carreira em andamento e conquistou certas coisas que acredita serem mais do que suficientes.

Essa composição, apesar de não ser predominante na maioria das pessoas, é mais comum do que você imagina. Existem aqueles que chegam a um determinado ponto da vida em que simplesmente deixam de desejar algo mais. Para eles, o que alcançaram até esse momento é suficiente para tocar a vida e qualquer coisa a mais pode ser um grande transtorno.

Um grupo que define muito bem esse perfil eram os hippies, integrantes do movimento iniciado na década de 1960 nos Estados Unidos, cujo lema era "Paz e amor". Eles adotavam um estilo de vida comunitário, em comunhão com a natureza, avesso ao capitalismo, à guerra e às formas de repressão do governo. Equilíbrio com certeza eles tinham; por outro lado, resultados eram raramente presentes. Muitos hippies só buscaram desenvolver uma carreira, adquirir habitação fixa e cultivar outros ideais após o término do movimento.

Esse perfil dá uma falsa sensação de que está tudo bem, as pessoas se conformam com a sua situação e permanecem desse jeito para todo o sempre, se o ambiente em que vivem e as circunstâncias assim o permitirem. O problema é que a vida não é tão constante. Surgem fatos, como crises, desemprego, doença, sobre os quais não temos controle, e o frágil ambiente da célula 1 faz a situação ruir rapidamente.

Foi interessante conhecer pessoas com esse perfil. Elas passam uma sensação de bem-estar, são alegres, têm poucas reclamações e sempre encontram um jeito de não fugir desse padrão. Nada contra esse estilo, é simplesmente um jeito de viver que funciona para muita gente. Com limitações, é claro, mas funciona.

Uma dessas pessoas foi a Fabíola, uma musicista. Desde criança o sonho dela era tocar em uma orquestra sinfônica. Filha de músicos clássicos, sua formação familiar sempre reforçou esse ideal. Seus pais eram pessoas simples, que viviam para a música e não tinham dinheiro para comprar uma casa própria, sempre viveram de aluguel. A renda que obtinham com as aulas ou apresentações era a conta certa para criar os dois filhos.

Fabíola, de certa forma, repetiu a história dos pais. Ela sempre se dedicou ao piano e também ao violino, pelo qual tem predileção. Aos 22 anos, conseguiu uma vaga de pianista numa escola de balé em São Paulo, onde tem trabalhado meio período de segunda a sábado nos últimos seis anos. Algumas vezes na semana ainda dá aulas de música, e reserva as tardes livres para ler, exercitar sua música, ver filmes, passear no parque, bater papo com os amigos ou correr, esporte que ama. O que ela ganha é suficiente para pagar um pequeno apartamento e prover suas despesas. Tudo o que sobra é gasto com cultura e lazer. Ela não tem poupança, previdência privada nem sequer um emprego com carteira assinada.

Há três anos mantém um relacionamento estável com Diogo, um artista plástico que se encontra na mesma célula que ela. Ambos pensam em alugar um apartamento maior para morarem juntos e terem uma vida a dois. Perguntei a Fabíola se ela era feliz, se sentia falta de alguma coisa. A resposta já era esperada:

– Claro, sou feliz com tudo o que sou. Quanto a sentir falta de algo, talvez de um carro, mas não sei se teria dinheiro para a gasolina, e ia dar muito trabalho.

Tornei a insistir:

– Você não deixou nenhum sonho para trás? Algo que gostaria de ter feito ou de ter vivido por isso?

Então ela pensou um pouco e respondeu:

– Sim! Eu queria ser musicista de uma grande filarmônica, batalhar por uma bolsa, ser parte de algo grandioso, ganhar dinheiro com isso a fim de viajar pelo mundo e conhecer outras culturas, mas esse não foi o plano que reservaram para mim.

Fabíola é uma pessoa conformada com a sua atual condição de vida. Ela chegou a esse ponto e dificilmente, sem algo que a ajude a buscar mais resultados em sua vida, ela sairá dessa célula.

O equilíbrio dá uma falsa sensação de bem-estar. É notório que Fabíola tem o estresse sob controle, não abre mão do lazer, tem tempo para si mesma e para as coisas de que gosta. Mas sem dúvida faltam alguns pontos; talvez lá na frente ela se arrependa das coisas que deixou de viver e então seja tarde demais. Falta um pouco mais de resultado, que ela própria assume, mas no momento não quer pensar nisso.

Algumas pessoas nesta célula têm uma total falta de ambição, de metas, de anseio por bens materiais ou qualquer coisa que as afaste dessa vida equilibrada que conquistaram. É um jeito de viver, talvez não o melhor, mas sem dúvida um jeito a se considerar.

2. Perdido: baixo equilíbrio e baixo resultado

Quando pedi histórias pelas minhas redes sociais e publiquei este perfil de pessoas que vivem com baixo equilíbrio e baixo resultado, eu não esperava receber tantos relatos. Sem dúvida esta é a célula predominante na vida das pessoas.

Os que vivem nesta célula estão completamente perdidos, a vida se tornou na maior parte do tempo apenas uma sucessão de fatos cansativos, estressantes e que, com baixos resultados, não os ajudam a sair do lugar. São aquelas pessoas que trabalham muito, sofrem grandes pressões em sua rotina e, no fim do dia, se sentem cansadas, com dores nas costas, dor de cabeça e sem ânimo para fazer nada além de tomar banho, jantar e ir para cama antes de começar tudo de novo no dia seguinte.

O problema é que a falta de equilíbrio não deixa a pessoa alcançar resultados. Ela não consegue utilizar sua energia pessoal para desenvolver suas metas, investir na carreira, fazer networking. Simplesmente gasta muito tempo com atividades sem importância, como ficar assistindo à TV sem parar, jogando ou passeando pelas redes sociais etc. Quando se dá conta, o tempo passou e ela não fez nada: são anos fazendo isso e a vida correndo.

As pessoas ficam perdidas em meio a tanto tempo desperdiçado. O importante é posto de lado, o sentimento de frustração, de insegurança, de desapontamento reforça o foco nos problemas e obscurece a possível solução. Um dos relatos que recebi retrata perfeitamente esse perfil. Rafael está perdido e com diversas áreas da vida afetadas pela falta de equilíbrio e resultados:

Meu nome é Rafael, sou representante farmacêutico de um laboratório de São Paulo, estou nesse segmento há mais ou menos cinco anos, sou pai de duas meninas de 7 e 3 anos, minha esposa é bancária e comecei recentemente um MBA em gestão empresarial parcialmente subsidiado pela empresa. Quando você pediu no Facebook histórias de pessoas que não tenham resultado nem equilíbrio, eu acho que posso me encaixar nesse perfil. Minha vida está passando por um momento estranho, estou me sentindo perdido no meio de tanta coisa e tenho literalmente deixado a saúde e a família em segundo plano.

Eu levanto bem cedo e passo o dia em visitas. Quando saio de casa minhas filhas estão dormindo, quando chego vou direto para o computador responder aos e-mails e fazer outras tarefas. Quando percebo, estou no Facebook, no Youtube, jogando ou estudando alguma coisa para o MBA. Meu tempo com a família está péssimo, mas não consigo mudar este quadro. Meu casamento está em crise, compramos um apartamento e estamos apertados para pagar, não sobra nada para lazer e investimentos. Isso me estressa muito, faz minha pressão subir, e meu último exame mostrou que os níveis de colesterol estão bem acima do limite.

O problema é que não sei o que fazer para sair desta situação. Estou totalmente indeciso quanto ao rumo que minha carreira e minha vida devem tomar. Eu gosto do mercado farmacêutico, é muito bom em termos de benefícios e oportunidades, mas nos últimos meses pensei em prestar um concurso público, pois alguns amigos fizeram isso e estão se dando bem. Espero logo encontrar respostas,

AS PESSOAS
FICAM PERDIDAS
EM MEIO A
TANTO TEMPO
DESPERDIÇADO.

pois, sinceramente, não sei se dá para ter resultado e equilíbrio ao mesmo tempo.

Assim como o Rafael, milhares de pessoas estão vivenciando essa realidade. Talvez você mesmo tenha se identificado com alguns pontos dessa história, talvez também já não confie nas suas forças para mudar esse quadro, mas, se nada for feito, a tendência é só piorar. Esta célula não é um estilo de vida, não é uma opção que conforta as pessoas, é um lugar difícil, crítico, que leva o indivíduo a se deprimir e a viver no limite. Não dá para ficar muito tempo nessa condição, é simplesmente jogar a vida ao vento. Se você está nesta célula, precisa realmente aplicar um novo modelo mental em sua vida e exigir de si mesmo pequenas mudanças a cada semana, na medida do seu interesse.

3. Estressado: baixo equilíbrio e alto resultado

Carlos é um homem jovem, 37 anos, cheio de energia, ambicioso, nascido em uma família de classe média alta de São Paulo, filho de um empreiteiro e de uma advogada. Estudar sempre foi exigência na família. Aos 15 anos, ele foi terminar seus estudos nos Estados Unidos e em seguida engatou uma faculdade de administração em Boston, que lhe rendeu um bom estágio em um banco de lá. Ao retornar ao Brasil, fez especialização em finanças e rapidamente conseguiu uma colocação em um prestigiado banco de investimentos de São Paulo.

Ele sempre foi dedicado ao trabalho e rapidamente conseguiu subir e se destacar. Aos 26 anos, já gozava de certa tranquilidade financeira. Carlos sempre aproveitou ao máximo sua vida: viajou por muitos países e comprou carros com os quais sonhara na infância. Viciado em tecnologia, sempre esteve atualizado com os últimos *gadgets* e videogames e aproveitava os fins de semana para ir mergulhar em lugares paradisíacos.

Aos 31 anos, Carlos casou com uma advogada que conhecera no trabalho, e um ano depois nasceu sua filha. Atualmente ele mora com a família em um apartamento de 250m² em um luxuoso bairro de São Paulo. Sua renda familiar permite uma vida tranquila, sem preocupações e com um alto padrão de consumo. Sua própria carreira lhe ensinou a fazer dinheiro de forma inteligente como poucos.

Nos primeiros anos de sua filha, o hobby familiar semanal era viajar para uma casa de campo ou para algum lugar propício à prática do mergulho. Agora raramente consegue um domingo tranquilo para ir com a família ao cinema. No ano retrasado, ele concluiu seu MBA e conquistou o cargo de diretor do banco em que trabalha, graças a seus incríveis resultados nos últimos anos. Sua carreira e formação cresceram na mesma proporção que seu patrimônio.

Depois de três remarcações de última hora, finalmente consegui um espaço na apertada agenda de Carlos. Após um dia cheio de reuniões, decisões estressantes e muita correria, ele me concedeu 30 minutos para uma entrevista. Na verdade me convidou para uma rápida visita a uma lanchonete. Eram quase 9 horas da noite e, apesar de saber que seu estômago já não suporta mais essas extravagâncias, acabou não resistindo ao hambúrguer de picanha. Depois desse encontro, ele ainda tinha a última reunião do dia, antes de voltar esgotado para casa.

Ao chegar em casa, Carlos já se acostumou a encontrar a esposa e a filha dormindo, principalmente durante a semana. Às 11 horas da noite, ele está grudado na internet examinando as últimas notícias do mercado financeiro, aproveitando os intervalos para revisar alguns documentos e enviar os últimos e-mails. Se tudo der certo, por volta das duas da manhã ele conseguirá descansar.

Os fins de semana agora já são bem diferentes daqueles no começo do casamento. A sensação de cansaço, o estresse e a correria tomaram conta do seu dia a dia. A situação financeira confortável não pode mais ser bem aproveitada por causa do volume de trabalho. Os momentos familiares e de lazer estão cada vez mais restritos.

A família se acostumou a essa condição e aparentemente todos aceitaram bem esse ritmo imposto pelas circunstâncias. Como o resultado é muito alto, o equilíbrio comprometido ainda parece um preço razoável a pagar.

Achei interessante quando perguntei sobre isso e ele respondeu que realmente não era algo que incomodava, apesar da nítida carência de tempo e de equilíbrio familiar e pessoal. Quando falei com sua esposa, ela reclamou bastante. Contou que a filha sente muito a falta do pai, que se estressa quando ele combina coisas para fazer com a família no fim de semana e na sexta-feira vem cheio de desculpas, dizendo que não vai poder ir. Embora ambos afirmem que o trabalho acaba afastando os dois, ele conclui dizendo que "o amor entende este momento de crescimento".

Muitas pessoas estão vivendo situações similares à de Carlos. Ele aceitou e está de certa forma feliz com essa rotina. A despeito de toda a correria, ele ainda não é capaz de perceber que está comprometendo sua saúde e seus relacionamentos. A situação, apesar de frágil, ainda é sustentável.

De todos os quatro perfis das células da matriz, esse foi o mais difícil de encontrar personagens que se identificassem com ele. Por mais que eu conhecesse a vida dos executivos e percebesse neles essas características, raramente eles assumiam que se encaixavam nesse perfil. Esta é uma célula muito sorrateira: ela rouba a vida das pessoas aos poucos e vai dando "brindes" enquanto lhes tira a "essência" do dia a dia.

À primeira vista, a vida de uma pessoa com alto nível de resultado e baixo equilíbrio parece perfeita. É preciso olhar com muita atenção para descobrir que, por trás do lindo castelo, existe alguém com uma fragilidade tal que não consegue sequer perceber isso. É o castelo da ilusão, que um dia vai cobrar seu preço.

A pessoa nesta célula tem um sentimento de que está realizando algo, é otimista, persiste em alcançar seus sonhos, acha que uma vida se constrói com esforço árduo, o que não deixa de ser verdade. Mas tudo tem limite e ela não consegue visualizar essa tênue divisão. Ao mesmo tempo que tem essa automotivação para gerar resultados, ela se sente incompleta e muitas vezes nem sabe por quê. Percebe que a família e a saúde foram postas de lado, mas parece nem ligar mais para o fato, já que a família acabou se acostumando com essa rotina.

Quem vê de fora muitas vezes não se dá conta disso. Vê o resultado e alguns momentos de lazer e acha que é a vida perfeita, mas, pelo contrário, é apenas uma visão utópica de algo que mais cedo ou mais tarde vai se manifestar de alguma forma: sejam problemas de saúde, de relacionamento, de comportamento dos filhos, seja a perda do prazer, do vínculo com o outro e consigo mesmo.

A palavra *workaholic* (viciado em trabalho) é perfeita para descrever esse perfil do "estressado", pois a pessoa se vicia nesse padrão de vida e dificilmente aceita o problema ou mesmo quer alterar sua condição. Quando percebe que perdeu muitas coisas que não se recuperam jamais, pode ser muito tarde.

Resultado, por si só, sem equilíbrio é muito perigoso, pois é viciante, é um ritmo autoimposto no dia a dia. A pessoa gasta muita energia e, no íntimo, acha que está valendo a pena, mas a família fica de lado, o tempo para si mesma é quase inexistente, a saúde vai minguando aos poucos e é muito difícil para ela conscientizar-se de que está nessa condição.

A próxima célula é uma versão desta que acabamos de ver, mas com o equilíbrio em alta. Repare nas diferenças do nosso próximo personagem, que também conseguiu chegar a um ponto alto da carreira, mas com uma pitada de equilíbrio que faz a diferença.

4. Realizador: alto equilíbrio e alto resultado

A definição de realizador, do ponto de vista desta célula, é aquele que conseguiu chegar a uma posição confortável (não necessariamente o topo), tem uma carreira que vai de vento em popa, conseguiu estabilidade ou até independência financeira, desfruta muitos momentos de lazer, tem tempo para si próprio, está em harmonia com o ambiente e com as pessoas com as quais convive, é realizado naquilo que faz, prioriza a família e transmite uma visível paz de espírito.

Você deve estar pensando que essa pessoa não existe, acertei? Lamento decepcioná-lo, mas ela existe, sim. Eu consegui encontrar alguns indivíduos que desfrutam uma vida em plena harmonia. São pessoas realmente diferenciadas, com uma expressão facial leve e sorridente, ao lado das quais paira uma sensação de bem-estar. Sempre há aprendizado em uma conversa com alguém que se encontra nesta célula.

Selecionei a história do médico Celso Cintra, que atualmente preside uma indústria farmacêutica suíça chamada Sigvaris, especializada em terapia de compressão para tratamento de varizes. Eu conheci o Celso em um evento com CEOs, tivemos algumas reuniões depois e em cada conversa ficava mais claro que ele tinha o perfil perfeito para exemplificar esta célula. Conheça agora um pouco da história desse homem que é um exemplo de alto equilíbrio e alto resultado:

PROBLEMAS E DIFICULDADES TODO MUNDO TEM, A VIDA É A COISA MAIS IMPREVISÍVEL E INCONSTANTE, NÃO É VERDADE?

Minha mãe era filha de um engenheiro português, construtor de grandes edifícios, que se mudou para o Brasil com a esposa espanhola. Quando ela completou 9 anos, meu avô morreu subitamente do coração. Ninguém sabia como tocar a empresa dele e eles acabaram perdendo tudo. Não foi uma infância muito fácil para minha mãe, mas ela conseguiu se tornar professora com uma impressionante vontade de crescer.

Meu pai era filho de uma mulher muito avançada para a época (1910), que brigava pela independência financeira e que se formou e foi trabalhar fora de casa muito cedo. Meu pai estudou em colégios internos e agrícolas. Teve uma infância de estudo e trabalho, mas foi assim que ele tomou gosto por alimentos e foi trabalhar na Ceagesp.

Os valores em casa sempre priorizaram o trabalho árduo e a educação. Não tinha moleza, nada de roupas da moda, mas, se pedisse uma enciclopédia, rapidamente ganharia. Meus pais sempre foram muito amorosos, mas consideravam educação e cultura a base de um futuro sólido.

Aprendi a ler com 5 anos. Dois anos depois, ganhei a primeira enciclopédia. Sempre fui bom aluno, dedicado, com notas altas. Perguntava demais na classe, coisas que o professor nem sabia responder. Provavelmente hoje diriam que tenho déficit de atenção e eu estaria tomando remédio.

Entrei na faculdade de medicina aos 16 anos. Como tinha paixão pela França, consegui um estágio de especialização nesse país e, no sexto ano, fui para Lille, como bolsista aprovado, pois a grana era muito curta.

Fiz neonatologia lá e planejava ficar na França, mas tive de voltar por causa de um problema de saúde de meu irmão e aproveitei a viagem para me casar com Bia, minha esposa até hoje. Na hora de voltar para a França descobri que ia ser pai. Nesse momento, entre a carreira e a família, optei pela família. Desisti da França e comecei profissionalmente no Brasil como um desconhecido, sem contatos, mas com uma vontade de vencer, herdada de meus pais, que me dava ânimo para enfrentar as adversidades. Consegui uma vaga de plantonista de PS pediátrico em Itaquera, fui galgando posições no sistema público: plantonista, chefe de plantão, coordenador do PS, diretor de unidade hospitalar e, por fim, presidente da comissão que padronizava tudo em saúde na prefeitura de São Paulo. Em paralelo, atuei na iniciativa privada, trabalhando na parte administrativa e chegando a gestor de plano de saúde; mas uma *das decisões mais difíceis da minha vida foi, sem dúvida, a de largar a clínica e me dedicar integralmente à administração.*

Alguns anos depois, meus pais faleceram em um acidente de carro. Meu filho Luis Henrique estava com eles, mas nada sofreu – um milagre! Pouco depois disso, uma indústria farmacêutica me contratou para fazer desenvolvimento de negócios. Esse era o emprego dos meus sonhos: eu era pago para aprender, planejar e apresentar propostas inovadoras para a empresa. Nessa posição, cheguei a trabalhar nos Estados Unidos, em Nova Jersey. Fiz um projeto para trazer a empresa para o Brasil, que foi aprovado, o que me rendeu projeção e respeito, e fui escolhido para diretor dessa operação no Brasil. Infelizmente, nesse momento, a empresa teve um problema com um medicamento que acabou postergando por dois anos o projeto de vinda para o Brasil. Eu estava no maior pique, mas tive que desaquecer. Eles me convidaram para ficar nos Estados Unidos, mas eu estava certo de que o Brasil era a bola da vez em saúde e sinalizei para o mercado que levaria em consideração novas propostas. Assim, chegou o convite da Sigvaris para mudar a cara do negócio no Brasil e aceitei o desafio: construir fábrica local, desenvolver produção local e exportar para os Estados Unidos e o Canadá.

Até aqui vemos um profissional de muito resultado, mas, quando lhe perguntei sobre o seu convívio com a família, tive certeza de que era o exemplo que eu buscava para ilustrar esse perfil:

Minha esposa é psicóloga, estamos casados há 25 anos, temos o Luis Henrique, que faz comércio exterior e tem seu próprio negócio, e a Gabriela, que estuda marketing. Ainda fazem parte da família três labradores cor de chocolate, que são terríveis, mas gostamos muito deles. Todos moram conosco.

Sempre fui um pai exigente: estudo em primeiro lugar. Nada de graça, eles têm de conquistar as coisas. Temos um excelente convívio e equilíbrio familiar, estamos em uma fase muito legal e a melhor coisa são as férias em família – a última vez fomos para Bonito e fizemos todos os passeios juntos, até os radicais.

No meu equilíbrio pessoal, eu faço de tudo um pouco. Adoro ler, voltei há algum tempo para a academia, melhorando bem o condicionamento. Hoje vou de três a oito vezes por semana (de manhã com a Bia e por vezes de noite com o Luis Henrique). Sou fanático por cinema, mas detesto multidões, portanto montei um ótimo home theater em casa e curto muito assistir a shows e filmes – com a família e os amigos.

Gosto de pesca esportiva, tento praticar sempre. Tenho uma casa num clube de campo, com lagos. Quando estou lá, relaxo praticando um pouco.

Namorar minha mulher é um excelente hobby para mim. Ela reúne pelo menos 36 diferentes mulheres em uma só... Costumo sair para jantar com ela de três a cinco vezes por mês. Gostamos de restaurantes refinados, mas também apreciamos as coisas simples.

Os filhos nos acompanham em viagens sempre que possível (agora eles têm sua própria turma). Mergulhei muito quando jovem. O mergulho sempre foi meu hobby preferido. Agora mergulhamos juntos, acho que vai se tornar o nosso passatempo principal.

Como equilibro tudo isso? Muito autoconhecimento. Ter consciência de que sou transeunte neste espaço e tempo e que aquilo que realmente importa é ajudar a elucidar, conscientizar e iluminar aqueles que ainda se "arrastam" neste mundo de infinitas ilusões.

Esse é o Celso, um cara brilhante, de extremo sucesso, grande capacidade de realização, de bem com a vida, que teve dificuldades mas soube aprender com elas. Ele é literalmente uma pessoa que aprendeu a ficar na célula 4. Vive uma vida com resultados e equilíbrio abundante.

*

Em todas as histórias que ouvi, é notório que as pessoas que vivem nesta célula têm problemas também. Algumas vezes elas precisam trabalhar muito, investir seu patrimônio e chegam até a se estressar, mas esses momentos acontecem com menor frequência, incomodam e fazem a pessoa retornar rapidamente ao seu estado natural de resultado e equilíbrio.

Problemas e dificuldades todo mundo tem, a vida é a coisa mais imprevisível e inconstante que temos, não é verdade? Você pode ser demitido, o mundo pode passar por uma crise, a saúde pode ser afetada sem dar sinais, um novo concorrente pode aparecer, você pode perder alguém etc. É como se fosse uma partida de tênis profissional. O tenista pode ser o Nadal, um dos melhores do mundo, mas ele pode enfrentar o Djokovic e perder (como naquela histórica partida que durou 5h53). Isso não significa que ele deixou de ser uma das estrelas do tênis, apenas teve um revés. Seu treino, seu preparo, seu estado físico e modelo mental vão estar ali para que na próxima partida ele zere a conta e tente um bom resultado.

A questão não é perder ou não ter problemas, isto é inevitável. A questão é a forma como essas pessoas lidam com isso. Elas estão preparadas para passar por essa fase e superá-la, é apenas uma questão de tempo. Será que é possível você entrar nesta célula? Será que é possível chegar aonde o Celso e outros chegaram, ou isso é uma realidade para alguns poucos predestinados ao sucesso?

Eu fiz essa pergunta a mim mesmo diversas vezes durante as entrevistas. A verdade é que a maioria dessas pessoas viveu em condições totalmente diferentes daquelas em que estão hoje, mas aprenderam a treinar suas atitudes e seu cérebro para saírem da matriz.

Nos próximos capítulos vamos entender o que pode estar prejudicando você na busca de uma vida com resultados e equilíbrio. Eu pesquisei bastante esse tema para tentar ajudá-lo a dar esse passo. Você encontrará pesquisas, estudos e novos modelos para seguir em direção à célula desejável da Matriz da Vida!

A QUESTÃO NÃO É PERDER OU NÃO TER PROBLEMAS, ISTO É INEVITÁVEL. A QUESTÃO É A FORMA COMO ESSAS PESSOAS LIDAM COM ISSO.

O QUE IMPEDE VOCÊ DE TER EQUILÍBRIO E RESULTADO?

Agora que você identificou em que célula da Matriz da Vida está neste momento, saiba que isso não é seu destino, mas apenas uma fase.

Para alguns essa fase se torna um estado permanente, mas não precisa ser assim.

O que se pode notar é que as pessoas desenvolvem certos "padrões" na vida que se repetem constantemente e as colocam na direção ou simplesmente as afastam da célula de alto equilíbrio e alto resultado (célula 4).

Isso ficou tão óbvio durante as entrevistas realizadas que não acreditei como esse padrão me passou despercebido durante anos. É importante ressaltar que as pessoas que estão na célula 4 treinaram seu cérebro para chegar lá. Elas reagem de maneira peculiar aos problemas e desafios, sua capacidade de execução é diferente da de outras pessoas nas demais células. O melhor sobre essa descoberta é que, com isso, fica demonstrado que nada é predestinado ou genético, todos podemos treinar nosso modelo mental para replicar esse perfil de alto equilíbrio e alto resultado. Isso não exige superpoderes nem um QI avantajado, nem mesmo uma droga mágica da inteligência. Exige atitude e vontade de mudar para um estado diferente, exige persistência em trabalhar para alcançar uma nova célula. E tudo isso vai depender da capacidade de treinar o cérebro. Quando eu soube que seria possível chegar à célula 4 por meio de treinamento, confesso que me senti mais leve.

O que seu cérebro tem a ver com seu equilíbrio e resultado?

A parte fascinante do trabalho de pesquisa e desenvolvimento deste livro foi acrescentar coisas totalmente novas ao conjunto de informações que desenvolvi na vida e em meus trabalhos anteriores. Como falar de produtividade de um jeito ainda mais inovador? Esta era a pergunta que não me saía da cabeça havia anos.

Como eu acho que nada acontece por acaso na vida, meu cérebro me levou a uma estrada que eu não imaginava percorrer. Quando comecei meu curso de especialização em gestão empresarial na Universidade da Califórnia, escolhi uma matéria chamada *"Problem Solving & Decision Making"* (Solução de problemas & Tomada de decisões). Eu não imaginava que o professor ia abordar esse tema a partir do funcionamento do cérebro, ou seja, como nosso cérebro toma decisões e faz escolhas.

Nunca fui tão grato a um professor pelo volume de livros que ele recomendava. Livros cuja leitura eu dificilmente iria priorizar, apesar da curiosidade. Temas referentes à medicina realmente não eram de minha predileção. Acabei me envolvendo bastante na literatura sobre neurociência, não a ponto de me tornar um especialista, longe disso, mas pelo menos a ponto de saber formular as perguntas certas. Conheci médicos e estudiosos que me ajudaram bastante a desenvolver o conteúdo que veremos a seguir. Meu objetivo aqui não é aprofundar-me no estudo científico do funcionamento cerebral, mas falar das surpresas, de como naturalmente nosso cérebro trabalha e como podemos tirar proveito disso.

Estudando a forma como o cérebro toma decisões, é impossível não ligar essa temática a tudo o que venho pesquisando há mais de uma década sobre produtividade e gestão de tempo. A maneira pela qual você decide que roupa vai usar ou avalia se deve priorizar o projeto A ou o projeto B passa pelo mesmo processo cerebral.

Platão foi um dos primeiros a descrever como funciona o cérebro. Ele basicamente imaginava a mente como uma charrete: o cérebro racional sendo o condutor, e o cavalo, as emoções. Sigmund Freud, o pai da psicanálise, desenvolveu sua versão apostando que o aparelho psíquico era composto de três partes conflitantes: o id, o ego e o superego. O papel de cada uma dessas três instâncias seria desejos (id), organização (ego) e crítica moralizante (superego).

Hoje em dia, com a neurociência, os cientistas estão empenhados em descobrir como nosso cérebro funciona e como tudo é processado em nossa mente. É um campo incipiente, a respeito do qual ainda há muito por descobrir. O que se sabe é que, sem dúvida, o cavalo e o cavaleiro existem, e um depende muito do outro. A cada momento, tentamos tomar decisões racionais, mas vem o cavalo e atropela a razão. Afinal de contas, como seres humanos, em nossas origens primitivas a emoção nasceu primeiro que a razão, não é verdade?

Meu intuito aqui não é detalhar o funcionamento do cérebro, até porque não sou especialista nisso, mas é importante citar algumas estruturas cerebrais a que farei referência mais adiante. Para me ajudar nessa contextualização, tomei como referência o trabalho dos doutores Jeff Brown (professor de psiquiatria da Harvard Medical School), Mark Fenske (Ph.D., neurocientista, ex-professor da Harvard Medical School) e Fernando Gomes Pinto (neurocirurgião brasileiro com doutorado em neurotraumatologia e autor de diversos livros – www.fernandoneuro.com.br).

Córtex pré-frontal (CPF): é a parte anterior do lobo frontal, cujo desenvolvimento se dá numa fase mais adiantada da vida (adolescentes têm o córtex pré-frontal menos desenvolvido que o dos adultos). É uma região responsável por atividades como tomada de decisões, estabelecimento de objetivos, planejamento, previsões, percepção de certo e errado, organização e solução de problemas, modulação da intensidade das emoções etc.

Córtex cerebral: camada externa do cérebro responsável pelo processamento de informações. Graças a ele, conseguimos interagir com o ambiente e experimentar tudo a nossa volta. É composto de quatro lobos, cada um com funções especializadas: lobo occipital (visão), lobo temporal (audição, memória, reconhecimento de cenas e objetivos, linguagem), lobo parietal (processamento visuo-espacial, tato, temperatura, atenção) e lobo frontal (processamento motor, tomada de decisões etc.). O córtex cerebral é dividido em dois hemisférios: o direito (processamento visuo-espacial, reconhecimento de rostos etc.) e o esquerdo (linguagem, símbolos etc.).

Córtex cingulado anterior (CCA): estrutura responsável pelas funções cognitivas e relacionadas à emoção. É o gestor de conflitos em nossa mente. Se você precisa ir para casa a fim de ajudar seu filho na lição e o seu chefe lhe pede que faça hora extra, o CCA informa

NADA É PREDESTINADO OU GENÉTICO, TODOS PODEMOS TREINAR NOSSO MODELO MENTAL.

outras estruturas, como o CPF, da existência de um conflito que precisa ser resolvido.

Um dado interessante sobre o CCA se refere a um neurotransmissor chamado dopamina, que ajuda a regular nossas emoções e facilita o processo de tomada de decisões. Sabe quando você está na rua e sente que aquela pessoa que vem em sua direção é um tanto suspeita e você muda de calçada com medo de um assalto? São a dopamina e o CCA em ação.

Graças à dopamina, você consegue fazer previsões e aprender com seus erros, criando novas soluções para os problemas. Estudos feitos com animais comprovam que a dopamina é liberada quando algo de positivo acontece. Por exemplo: em um experimento, sempre que tocava um sinal sonoro, um macaco recebia uma banana. Depois de alguns treinos, toda vez que o bipe era acionado, havia uma descarga de dopamina. Entretanto, se o padrão era rompido, se o bipe tocava e não havia recompensa, o nível de dopamina diminuía, pondo em alerta o CCA, que recebia um único sinal elétrico conhecido como "erro relacionado à negatividade".

Além de entender esses erros e recompensas, o CCA internaliza essas lições da vida real e atualiza os padrões neurais, ajustando assim previsões futuras. O "sentimento" de curta duração é então transformado em uma "lição de longo prazo". Esse é um aspecto importantíssimo em nossos momentos de decisão, pois, se não conseguíssemos incorporar esses aprendizados do passado em decisões futuras, repetiríamos erros infinitamente.

Impressionante, não é? Por isso o planejamento muitas vezes não dá certo logo de início. Você precisa aprender com seus próprios erros para saber no futuro como agir de maneira correta.

Um exemplo recente do funcionamento do cérebro no processo de tomada de decisões foi o caso do voo 1549, da US Airways, que saiu do aeroporto LaGuardia, em Nova York, com destino ao aeroporto internacional de Charlotte/Douglas, na Carolina do Norte, com 155 ocupantes a bordo, em 15 de janeiro de 2009. Três minutos após a decolagem a aeronave deparou com um bando de pássaros que acabaram entrando pelas turbinas, fazendo com que estas parassem de funcionar e o avião não conseguisse mais se sustentar no ar.

O avião colidiu com os pássaros exatamente às 15h27min01, quando o primeiro oficial Jeffrey Skiles estava no comando a 3.200 pés (aproximadamente 975 metros) de altura. Nesse momento, o piloto Chesley B. "Sully" Sullenberger assumiu o controle da aeronave e tinha poucos minutos para decidir o que fazer.

Às 15h27min36, o capitão Sully avisou à torre de controle que eles tinham perdido ambas as turbinas em decorrência da colisão e estavam voltando na direção de LaGuardia. O controlador de voo Patrick Harten verificou e autorizou o pouso de emergência na pista 13. Sully respondeu nesse momento que não seria capaz de retornar e pediu autorização para pousar no aeroporto de Teterboro, em Nova Jersey. Novamente os controladores de voo deram permissão para o pouso de emergência. Após alguns segundos Sullenberger respondeu: "Nós não vamos conseguir. Pousaremos no Hudson." Às 15h31 o avião fez um pouso de emergência no rio Hudson e o resto você já sabe: todos foram resgatados e os pilotos, condecorados.

O que fez a diferença no sucesso dessa empreitada? Com certeza o modelo mental do capitão Sully foi o fator decisivo. Com pouco tempo para tomar a decisão, sua amígdala começou a ser excitada e o medo era uma certeza. A habilidade do piloto em controlar suas emoções e lidar com o medo e a pressão fez a diferença. Nesse momento, o córtex pré-frontal pôde deliberadamente escolher ignorar o cérebro emocional e permitir um pensamento mais focado e racional. Algo como se o tempo parasse para que ele questionasse a melhor alternativa nessa situação.

Quando os neurônios de dopamina não sabem o que fazer, eles essencialmente tentam ajustar nossos sentimentos. Os pilotos chamam isso de "estado de deliberação calma", que é quando eles conseguem se manter tranquilos em situações de alta pressão que requerem esforço consciente e foco.

Graças a essa característica muito bem desenvolvida, Sully, diferentemente de outros pilotos, conseguiu aterrissar o avião em segurança. E como isso é possível? Treino e mais treino. As credenciais do capitão Sully explicam essa habilidade mental, seu currículo é único. Ele foi piloto da Força Aérea americana por quase uma década, com várias condecorações. Depois trabalhou na Nasa, com aeronaves experimentais. Trabalhou também na National Transportation Safety Board (órgão de segurança aérea dos Estados Unidos) investigando as causas de quedas de aviões. Anos mais tarde, ele se tornou piloto da US Airways, voando por quase três décadas, ou seja, estava bem próximo da aposentadoria!

A sua experiência e o seu treino, associados à capacidade do seu córtex pré-frontal, foram decisivos para salvar todos a bordo. O mesmo exemplo se aplica a tudo em nossa vida, desde a capacidade de jogar bola, cantar, até resolver problemas técnicos, planejar etc.

Quando falamos sobre o cérebro, parece que só quem tem "células geneticamente selecionadas para a perfeição" é capaz de obter os benefícios da vida. Mas não é nada disso. O cérebro pode ser moldado e modificado. Isto se chama neuroplasticidade, ou seja, a capacidade do seu cérebro de aprender cada vez mais, de se adaptar a novas situações, de criar novas formas de funcionar.

Após mapear o cérebro de 16 motoristas de táxi, pesquisadores do University College London descobriram que seu hipocampo (estrutura cerebral relacionada à memória e ao senso de navegação) era maior que o das pessoas que não tinham esse tipo de atividade. De acordo com a cientista Eleanor Maguire, isso acontece porque os taxistas passam pelo menos três anos estudando trajetos, nomes, ruas etc. Com isso, eles desenvolvem o hipocampo. Não é o máximo saber que podemos treinar nosso cérebro para obter o resultado que desejamos? É como se todos os nossos sonhos estivessem mais perto de acontecer, sem mágica, mas com treino!

Com base nesses conceitos existem centenas, talvez milhares de estudos em andamento no mundo sobre como melhorar seu cérebro (e também uma centena de livros que tratam do assunto). Portanto, é fato: com treino e persistência você pode desenvolver um cérebro capaz de realizar aquilo que você quiser. Esse é o caminho para desenvolver um novo modelo mental cem por cento responsável por resultado e equilíbrio na sua vida.

Mindset: o modelo mental que você desenvolveu e aplica no dia a dia

A boa notícia é que sempre treinamos nosso cérebro, desde a infância, por meio de nossas próprias experiências e lembranças, bem como da observação do comportamento de nossos pais, amigos, familiares, professores etc. Treinamos quando decidimos algo, quando planejamos, quando trocamos a preguiça pela execução, quando precisamos pensar para resolver problemas, entre outras coisas.

VOCÊ PODE VENCER ESSA PROCRASTINAÇÃO OU SIMPLESMENTE CANCELAR A ORGANIZAÇÃO E SE ACOSTUMAR COM A BAGUNÇA.

Um treinamento que é imposto diariamente a nosso cérebro, e que ele aprende com maestria, é fazer tudo em cima da hora. Em crianças víamos nossos pais indo ao médico só quando a dor estava insuportável; fazendo a mala à noite, na véspera da viagem; correndo para pagar as contas ou para comprar presentes de última hora. E não só eles faziam isso, esse comportamento era reforçado na escola, na casa dos avós, nas brincadeiras com os amigos e em muitos outros ambientes. É claro que algumas pessoas conseguem superar esse modelo mental (poucos não foram condicionados na infância), mas a maioria reproduz esse e outros padrões na gestão financeira, na maneira como lidam com seus medos, nas formas de vencer os desafios etc.

Esse padrão de fazer tudo de última hora e outros que você vem desenvolvendo há décadas na sua vida compõem um conjunto de crenças, atitudes, pontos fracos e fortes, filosofias de vida, hábitos que vamos chamar de *mindset*, ou modelo mental.

A Wikipedia define *mindset* como um conjunto de concepções, métodos ou sinais pertinentes a um ou mais indivíduos que, de tão estabelecido, cria um poderoso fator que influencia na adoção de comportamentos primários e nas escolhas das pessoas.

*

Agora que falamos sobre o conceito de *mindset*, fica fácil associar tudo o que foi visto até aqui: seu cérebro desenvolveu um modelo mental que se reflete nas suas atitudes diárias, que, por sua vez, fazem você ser do jeito que é, gerando ou não resultados e equilíbrio na sua vida!

O *mindset* pode gerar diversos fatores que favorecem alcançar a célula 4 e outros que desfavorecem. Ele é o principal agente. Poderíamos citar dezenas desses fatores, mas optamos por priorizar três que foram constantes nas entrevistas e que têm relação com diversas estatísticas que conseguimos mapear no sistema Neotriad.

No diagrama apresentamos os três fatores que tiram você do caminho de resultados e equilíbrio ou o colocam na direção dele. Esses fatores também podem surgir de forma isolada e prejudicar o processo como um todo. Quando falamos em desenvolver um método que permita que a pessoa treine sua capacidade de obter mais resultados com equilíbrio, é importante observar que existe uma ordem natural desses fatores, conforme veremos a seguir:

1. Seleção de ideias: Este fator se mistura com o conceito de descobrir o que é importante na vida. Sem saber direito o que queremos, acabamos por ter um vasto conjunto de ideias que, sem seleção, não permitem que se mantenha o foco nas coisas que efetivamente geram resultados, mas que muitas vezes só consomem nosso equilíbrio.

2. Execução: As pessoas que conseguem chegar à célula 4 ou à célula 3 têm algo em comum: a capacidade de fazer as coisas acontecerem. A diferença é que a célula 3 vai sugando as pessoas no caminho, pois elas crescem sem equilíbrio. Executar significa ser capaz de desenvolver a ideia que você teve, e isso exige uma série de passos. Não adianta achar que a ideia vai se materializar do dia para a noite, é preciso aprender a usar seu tempo com um modelo que permita o desenvolvimento das ideias.

3. Procrastinação: Quando uma ideia é selecionada e está pronta para ser posta em prática, o terceiro grande desafio é vencer a preguiça e as dificuldades que surgem durante a execução. Em geral, adiamos muitas coisas na vida, por diversos fatores, e até nos arrependemos disso, mas em muitos casos não conseguimos evitar. Aprender a lidar com a procrastinação e superá-la é essencial no processo de obter uma vida na célula 4.

Ideias, execução e procrastinação: todo mundo possui em seu *mindset* esses fatores, eles são a base do uso do tempo em nossa vida. Essa tríade é tão comum que está presente até nas coisas mais banais da vida. Lembra do dia em que você precisou arrumar seu quarto? Como foi o processo? Primeiro, você começa selecionando o que vai fazer, o lugar que vai arrumar, onde vai guardar as coisas. Depois passa à organização propriamente dita: jogar papéis no lixo, colocar coisas em pastas, e por aí vai. De repente, você começa a arranjar um milhão de desculpas para protelar essa incumbência: quer assistir à televisão ou quem sabe ligar para um amigo, ou talvez acessar seu perfil no Facebook. Você pode vencer essa procrastinação ou simplesmente cancelar a organização e se acostumar com a bagunça. Já reparou como essa tríade está presente em praticamente tudo o que realizamos?

Se nosso *mindset* passa por tudo isso em uma simples tentativa de organizar o quarto, imagine a dificuldade quando precisamos fazer algo de maior proporção, como um planejamento para comprar um imóvel, ou para aprender outro idioma, ou mesmo para viajar. Claro que algumas coisas são mais fáceis e prazerosas do que outras, mas mesmo aquelas que nos agradam são deixadas de lado com uma frequência que incomoda.

A Dra. Carol Dweck é uma das maiores pesquisadoras no campo da motivação. Professora de psicologia na Universidade de Stanford, vem desenvolvendo uma série de pesquisas sobre modelos mentais. Em seu livro *Mindset – The New Psychology of Success* (*Mindset – A nova psicologia do sucesso*), ela defende que a visão que temos de nós mesmos afeta profundamente a forma como dirigimos nossa vida.

Segundo Dweck, as pessoas podem adotar dois tipos de *mindset* na vida: o *mindset* fixo ou o *mindset* crescente. O *mindset* fixo implica uma visão moldada pela baixa autoestima. Em geral, os pensamentos que alguém com esse tipo de *mindset* tem de si mesmo são: "Eu sou um idiota"; "Tudo sempre dá errado para mim"; "É impossível mudar meu jeito de ser"; "Eu não tenho oportunidades na vida". Pessoas com *mindset* fixo não conseguem entender que ser inteligente e talentoso é excelente; elas precisam ser perfeitas. E essa necessidade as impede de aceitar e lidar com seus erros. Cada falha se torna uma prova extrema de incapacidade.

Pessoas com *mindset* crescente entendem que sempre é possível aprender, melhorar e mudar. Nada é constante. Tudo pode ser adaptado e melhorado. Um *mindset* crescente implica a visão de que o cérebro é plástico e que a pessoa pode sempre evoluir, graças a sua capacidade de persistir, treinar e aprender com os erros.

Qualquer que seja o seu *mindset*, esses três princípios – quando treinados e aplicados com consistência – fazem sua vida sair do lugar, obtendo resultados de forma equilibrada. Por ora, é necessário apenas que você reforce esta ideia em seu modelo mental: "Não importa quem sou, o que tenho, o que sei. O que importa é a minha atitude de executar, fazer escolhas, aprender e buscar ter prazer neste caminho."

Agora que você já sabe que é possível alterar seu *mindset*, não espere até amanhã. Mudar não é fácil. As pessoas não gostam de mudar nem o lado da cama em que dormem, quanto mais a forma de executar suas ideias. Para ajudá-lo nessa tarefa, pedi a um amigo, o experiente consultor em gestão de mudança Domenico Lepore, que escrevesse um pouco sobre estratégias para vencer esse desafio. Esse apêndice pode ser baixado no site www.christianbarbosa.com.br/matriz.

NADA É CONSTANTE. TUDO PODE SER ADAPTADO E MELHORADO.

ENERGIA PESSOAL: O INGREDIENTE PARA SEU CÉREBRO SAIR DO LUGAR

Será que você tem energia para fazer as coisas que precisam ser feitas? Será que o estresse não está minando sua capacidade de realização? Será que a sua saúde não está tirando seu foco da célula 4?

O resultado da falta de tempo pessoal é que acabamos tirando da agenda a pessoa mais importante e vital: nós mesmos! E essa é a pior armadilha do tempo, pois, sugados pela rotina estressante, não temos energia para fazer a vida acontecer e tudo se perde. Estamos desengajados da vida, e centenas de pesquisas comprovam isso.

No meio de tanta canseira, o absenteísmo e o presenteísmo têm se popularizado mundo afora em empresas de todos os tamanhos e setores. Já mencionei que doenças crônicas, como dor de cabeça, artrite e dores nas costas, chegam a custar 47 bilhões de dólares por ano às empresas americanas (*Journal of The American Medical Association*).

No Brasil, pouca gente tem dado atenção à saúde. De acordo com uma pesquisa realizada entre 2004 e 2010 pela operadora de saúde Omint com 15.230 profissionais, 96% não têm uma alimentação equilibrada, 43% são sedentários e 42% têm excesso de peso.

O interessante é que a procrastinação com certeza está afetando boa parte dos pesquisados: 37% querem iniciar uma atividade física e eliminar os hábitos não saudáveis e 44% estão apenas pensando no assunto.

O mundo está passando por uma severa crise de energia pessoal. De tão cansados, os profissionais não conseguem dar o próximo passo na vida e se mover entre as células da matriz. Os sintomas dessa crise de energia são, entre outros: fadiga persistente, baixa tolerância ao estresse, perda de foco, cansaço físico, baixa imunidade, desengajamento.

Muita gente me pergunta se gestão de energia pessoal vem antes ou depois de gestão de tempo pessoal. Para responder a essa pergunta é preciso entender que são duas áreas distintas do conhecimento, mas com uma sinergia única. De nada adianta você estar superbem com sua energia pessoal e ser uma pessoa desorganizada, sem método de produtividade, sem prioridades claras. É como colocar adubo em concreto: não vai fazer a menor diferença.

Se você quer usar um "adubo de qualidade", precisa ter um solo que faça jus a isso. Então, procure usar bem sua energia, e isso a gestão de tempo faz para você.

Além disso, se você não tem tempo, vai ser muito difícil obter mais energia pessoal. A pessoa que trabalha muitas horas por dia, além do normal, que não descansa nos fins de semana e que não tem tempo para si não consegue sequer buscar alternativas para conquistar mais energia.

Infelizmente, alguns autores pregam que "gestão de energia, e não administração do tempo, é a moeda fundamental da alta performance", o que não é verdade, pelo menos não totalmente. Se alta performance for uma moeda, de um lado está a gestão de energia e do outro, a gestão do tempo.

Uma pessoa com muita energia, mas com total falta de planejamento pode gastar às vezes o triplo do tempo que uma pessoa com um excelente nível de planejamento e foco leva para realizar a mesma atividade.

É como colocar um exímio corredor para jogar tênis contra um tenista gordinho e sem fôlego. Neste caso, como em outros, a técnica vence a energia. Coloque o gordinho em forma como o excelente corredor e você terá um tenista campeão.

Aprenda a ter tempo para buscar sua energia pessoal; e, quando conquistá-la, o uso eficiente do tempo vai ajudar você a ter níveis de performance de pessoas da célula 4. Eu defendo o uso conjunto de ambas as coisas.

Os primeiros estudos sobre gestão de energia nasceram com atletas profissionais que precisavam de um nível superior de performance para vencer suas competições. Um atleta profissional gasta em média 90% do seu tempo em treinamento para ser capaz de usar o tempo restante em competições. Esses atletas têm tempo de descanso para recuperação e cuidam da alimentação, do sono e da mente.

SERÁ QUE
O ESTRESSE
NÃO ESTÁ
MINANDO SUA
CAPACIDADE
DE REALIZAÇÃO?

Um dos mais conhecidos autores que tratam da gestão de energia é Jim Loehr. Em *The Power of Full Engagement* (O poder do empenho total), escrito em coautoria com Tony Schwartz, ele atesta o conceito de que você pode ter um nível superior de performance, se conseguir desenvolver sua habilidade de ser um atleta corporativo no uso de sua energia.

Energia é o conjunto de suas dimensões física, mental, espiritual e emocional. Juntas, essas dimensões apoiam totalmente a sua estratégia de equilíbrio, bem-estar e satisfação pessoal. É o tempo que você precisa para si mesmo, para ter certeza de que está recuperado e energizado a fim de que o resultado apareça.

Como obter mais energia para entrar na célula 4?

A gente só se dá conta de quanto está se prejudicando pela falta de energia quando é tarde demais. Por que só damos valor às coisas quando elas já não estão mais do nosso lado?

Em todo o meu processo de gestão do tempo pessoal, a coisa mais importante para mudar radicalmente de célula da matriz foi aprender que eu precisava ter mais tempo para mim mesmo, o que me parecia um ultraje, frente a todas as demandas que precisavam ser atendidas.

Um dia, durante uma consulta motivada por uma série de problemas de saúde sem gravidade, meu médico, dr. Maurici, disse uma coisa que me fez pensar: "Você não precisa de mim. Você não precisa de remédio. Você precisa apenas de você. A sua doença é seu melhor amigo, porque ela não passa a mão na cabeça, ela grita."

O que ele disse foi interessante, mas eu não entendi; ou melhor, não quis entender. Eu tive que chegar ao fundo do poço para compreender que precisava de tempo para mim. Tempo para curtir a vida, para aproveitar as coisas que o bom resultado me proporcionava, para me alimentar bem, para me exercitar, para me apaixonar. Foi quando adotei a estratégia da reunião comigo mesmo (na qual reservo algumas horas em dias no mês para fazer algo exclusivamente em benefício de meu equilíbrio pessoal) e uma série de estratégias pequenas e fáceis de serem implementadas que me ajudam a reforçar meu equilíbrio, minha energia pessoal.

Talvez isso esteja acontecendo com você, com um parente, com um amigo, com um colega de trabalho. A pessoa está vivendo um quadro de baixo nível de equilíbrio, com um nível elevado de estresse, e não consegue enxergar a si própria. A coisa mais difícil do mundo é enxergar o óbvio, não é verdade? A gente consegue ver o complexo, mas o óbvio é tão complicado!

Espero que isto lhe sirva de alerta: hoje pode ser apenas um estresse leve, mas, se nada for feito, isso pode minar sua saúde. É uma preocupação aqui, outra ali; problemas com a carreira, problemas financeiros, problemas de relacionamento, e aí a coisa começa. Você entra na célula 1, 2 ou 3 e vai prejudicando a si próprio a curto e médio prazos.

Eu lhe darei algumas ideias que vão ajudá-lo a imprimir energia em sua rotina e mudar esse cenário. Não se limite às dicas a seguir, vá além, mas não deixe passar em branco. Não existe uma pessoa que consiga permanecer na célula 4, se não souber gerenciar seu equilíbrio, e isso tem a ver também com energia pessoal.

Quatorze anos a mais para aproveitar a vida é possível?

Já pensou se fosse possível prolongar sua vida por mais de uma década? Já pensou ter mais tempo para viajar, para aprender, para ficar com a família ou para investir seu dinheiro? Algumas pessoas podem não gostar muito da ideia, mas eu acho que esse tempo adicional seria muito bem-vindo.

Ao que parece, é possível termos uma década ou mais de vida se fizermos bom uso de nosso corpo. Duas pesquisas distintas chegaram a conclusões parecidas e indicam que hábitos saudáveis podem aumentar a expectativa de vida.

Um estudo publicado na *PLoS Medicine* – desenvolvido pela Universidade de Norfolk, no Reino Unido, no período de 1993 a 1997, com 20.244 pessoas com idade entre 45 e 79 anos que não tinham doenças vasculares nem câncer – atribuiu notas aos participantes de acordo com quatro fatores de uma vida saudável: não fumar, fazer exercícios físicos, ingestão moderada de álcool (1 a 14 doses/semana) e vitamina C acima de 50 mmol/l (menos que 5 porções por dia de frutas e hortaliças). O total de pontos variava de 0 (nenhum hábito saudável) a 4 (todos os hábitos saudáveis).

Depois de 11 anos de estudo, verificou-se que nas pessoas que tinham 4 pontos, comparadas às que não tinham hábitos saudáveis (0 ponto), o risco de mortalidade era menor, equivalendo a 14 anos a menos na idade cronológica.

É importante ressaltar que pessoas com doenças crônicas graves, como câncer, problemas cardíacos e acidente vascular cerebral (AVC), foram retiradas do estudo, e talvez os resultados sejam diferentes nessa população.

O assunto mais polêmico do estudo foi a bebida alcoólica. Ficou comprovado que pessoas que não bebem nada têm um risco maior do que as que bebem moderadamente (aquelas que bebem acima da média têm um risco muito maior). Quando li o estudo, adicionei à minha dieta um copo de vinho de duas a três vezes por semana, pois havia anos eu não ingeria bebida alcoólica.

Outro estudo, publicado em 2008 no *European Heart Journal*, teve resultado semelhante, após acompanhar 11.914 pessoas na Dinamarca. Ao longo de aproximadamente 20 anos, registraram-se 1.242 casos de infarto e 5.901 mortes por causas variadas entre os participantes.

Quem supervisionou a pesquisa foi o professor Morten Gronbake, diretor de pesquisa do Instituto Nacional de Saúde Pública da Universidade do Sul da Dinamarca, em Copenhague. Ele comentou na época:

> *"Nosso estudo mostra que ser fisicamente ativo e beber uma quantidade moderada de álcool são fatores importantes para reduzir o risco de infarto fatal e morte por outras causas. Tanto para homens quanto para mulheres, o item 'ser fisicamente ativo' foi associado a um risco muito mais baixo que o de 'ser fisicamente inativo'. Uma moderada ingestão de álcool reduziu o risco de mortalidade por causas variadas entre os homens e as mulheres. O risco entre os beberrões foi semelhante ao dos abstêmios."*

A atividade física também foi considerada em ambos os estudos, levando à conclusão de que o mínimo que devemos ter por semana é algo em torno de quatro horas na média.

É claro que a recomendação de beber pode não ser válida no seu caso, afinal de contas o estudo foi feito em dois países europeus, com qualidade de vida bem diferente da nossa. É preciso ver com olhos críticos as conclusões das pesquisas e adaptá-las a nossa realidade.

O que os estudos demonstram e que você precisa aplicar na sua vida é: ter uma alimentação saudável, com redução de gordura e ingestão generosa de frutas e legumes. Beber moderadamente, não fumar e se exercitar fazem toda a diferença em uma vida que quer ter resultados e equilíbrio por muito tempo.

Agende um check-up anual

Antes de sair por aí bebendo além da conta ou exagerando nos exercícios físicos, consulte seu médico. Eu sempre digo às pessoas que planejem seu ano e incluam um check-up na lista de tarefas a cumprir. Por exemplo: Agendar check-up no cardiologista, ginecologista, oftalmologista, dentista, urologista e todos os "istas" que você considere importante visitar anualmente. Não importa se você tem ou não algum sintoma preocupante. Não é uma atitude hipocondríaca, é uma atitude preventiva. Qualquer coisa ainda no começo é mais fácil de resolver. Você deve ter foco no importante, antes que ele se torne uma urgência.

O check-up não garante que você não vá ter nenhum problema, mas é um excelente começo para a prevenção de algo que possa estar prestes a se iniciar. Converse com seu médico, veja o tipo adequado de exercício físico e alimentação para seu caso. O que não vale é sair por aí dando uma de esportista e morrer de infarto em pleno jogo de bola com os amigos (existe um alto índice de esportistas de fim de semana que, na verdade, têm um perfil sedentário e acabam enfartando).

Esporte: seu posto de energia

Após realizar um check-up e ter a certeza de que está tudo bem, nada como adotar o esporte como uma fonte permanente de renovação de sua energia pessoal, ou quem sabe até um esporte familiar, que ajuda a promover a união das pessoas. Que faz bem, todo mundo sabe, pois não só os europeus descobriram as vantagens de uma vida saudável. Um estudo realizado pela Universidade Harvard

O QUE VOCÊ FARIA NO SEU DIA PERFEITO? AONDE VOCÊ IRIA? QUEM VOCÊ LEVARIA?

mostrou as vantagens do exercício físico em quilocalorias (kcal) gastas por semana:

> "Aproximadamente 14.000 ex-alunos de Harvard foram acompanhados por 22 anos, e observou-se que os indivíduos que pararam de praticar esportes tiveram 35% de aumento no risco de morte sobre aqueles que continuaram sedentários. Porém, aqueles que começaram a praticar esportes experimentaram um índice 21% menor de morte que aqueles habitualmente sedentários. Aqueles que se tornaram mais ativos tiveram um índice 28% menor de morte e os que sempre se mantiveram ativos, um índice 37% menor que os que nunca fizeram exercícios vigorosos. Com a mesma amostra dividida em três grupos de acordo com a energia gasta em atividades como caminhar, subir escadas e praticar esportes, o autor achou um incremento maior na expectativa de vida nos indivíduos que eram mais jovens quando entraram no estudo e nos mais ativos (2.000 kcal/sem.) quando comparados aos menos ativos (500 kcal/sem.) e moderadamente ativos (501-1.999 kcal/sem.). O aumento na expectativa de vida quando os mais ativos foram comparados aos pouco ativos foi em média de 2,51 anos para indivíduos de 35-39 anos de idade no início do estudo e de 0,42 ano nos indivíduos de 75-79 anos. Um dado também interessante foi o fato de que a porcentagem de indivíduos com mais de 80 anos foi maior entre os mais ativos (69,7%) do que entre os menos ativos (59,8%). Evidências epidemiológicas mais recentes com 5.567 homens de 40 a 59 anos de idade sustentam que o hábito de realizar atividades físicas leves ou moderadas reduz a taxa de mortalidade total e a de mortalidade por causas cardiovasculares em homens de idade avançada."[1]

Saber que esporte faz bem, todo mundo sabe; o problema é "fazer" o esporte. Sair do lugar. Essa é uma atividade que se encaixa bem no que dissemos anteriormente sobre procrastinação, e você pode usar todas as estratégias e dicas a seguir para conseguir inserir um esporte na sua vida:

---

[1] Texto transcrito do artigo "Vida ativa para o novo milênio", do dr. Victor Matsudo, publicado na revista *Oxidologia*, set./out. de 1999.

Trate esporte como um hobby, não como uma obrigação: O maior empecilho à prática esportiva é aquela sensação que temos quando pensamos em ir para a academia: "Putz! Que saco ter que sair para malhar!" Nesse caso o esporte virou obrigação, e assim mais cedo ou mais tarde você vai desistir. O que sempre faço quando preciso incentivar alguém que está em *Mentoring* comigo a iniciar uma prática esportiva é tentar "experiências de esporte". Literalmente testar. Pense em uns três ou quatro esportes com os quais você se identifica e agende algumas aulas experimentais. Veja aquele que realmente lhe proporciona diversão e terá encontrado seu esporte. Quando cansar, repita o processo. Eu, particularmente, usei essa estratégia. Havia alguns meses estava parado, sedentário mesmo, e sabia que esporte era tão essencial quanto a água que bebo todos os dias; então comecei a experimentar. Até que achei o tênis e o adotei como um super-hobby. Virou uma atividade familiar, mudou meus hábitos, está sendo superlegal. Para ter uma performance melhor no tênis eu acrescentei exercícios aeróbicos ao longo da semana, como natação ou corrida.

Utilize horários mais "seguros": Se você estabelecer horários muito próximos dos horários de trabalho, a chance de acontecer um imprevisto e você faltar ao esporte escolhido é grande. No começo, para evitar as desculpas de tempo, crie horários alternativos como bem à noite ou logo cedo, sábado, domingo etc. Eu optei por sábado de manhã e quarta às 20h. Quando deixo de ir na quarta, eu negocio e vou na segunda-feira logo cedo. Se você viaja bastante, pode aproveitar a academia do hotel ou até levar na mala uma corda de pular e fazer uns 20 minutos do seu exercício. Quando a gente realmente gosta de algo, tempo não é desculpa.

Comece aos poucos e tenha uma meta em vista: Não adianta achar que logo de início você será um campeão de qualquer coisa. Se pegar muito forte no começo, você pode se desestimular. Comece devagar e vá aumentando o ritmo à medida que obtiver resultados. Outra coisa que funciona é estabelecer um objetivo para os primeiros seis meses de sua atividade física, como perder tantos quilos, correr determinada distância etc.

Muitas pesquisas vêm sendo realizadas sobre esportes e longevidade. Tudo aponta para melhorias no sistema cardiorrespiratório, combate à depressão e até redução da ocorrência de alguns tipos de câncer. Ao fazer uma atividade física, você libera endorfina, um neurotransmissor que relaxa e dá prazer, despertando a sensação de bem-estar. Algumas pesquisas creditam à endorfina propriedades analgésicas, aliviando dores e até ajudando a combater a depressão. Claro que chocolate e pimenta também estimulam a produção de endorfina, mas com esporte você não engorda, não é?

Acabe com a fadiga mental que o excesso de informações proporciona

Vivemos uma era de excesso de informações, e todo esse volume de coisas para ler, revisar e fazer consome nossa energia pessoal. Um artigo publicado na *The New York Times Magazine,* com base no livro *Will-power: Rediscovering the Greatest Human Strength* (Força de vontade: redescobrindo nossa maior força), de Roy F. Baumeister e John Tierney, aponta interessantes conclusões de pesquisas recentes sobre a força de vontade e a fadiga mental.

Em uma pesquisa feita a partir de 1.100 decisões judiciais ao longo de um ano, descobriu-se que havia um padrão para uma pessoa presa sair em liberdade condicional. Esse padrão nada tinha a ver com o caso, com as provas etc., e sim com o horário em que o réu foi julgado. Setenta por cento dos prisioneiros que foram julgados pela manhã receberam liberdade condicional, enquanto aqueles cujo julgamento foi feito no fim da tarde receberam essa concessão em menos de 10% dos veredictos!

Bem, se você for preso, informe seu advogado do horário apropriado para levá-lo ao tribunal. O que o estudo indicou é que as sentenças judiciais são bastante influenciadas por fatores externos como a fadiga mental e até a periodicidade em que o juiz se alimenta. Essa fadiga mental não afeta apenas juízes, mas a todos nós, quando, por exemplo, temos de decidir se compramos ou não uma determinada roupa, se priorizamos a tarefa A ou a tarefa B, se aceitamos o convite para uma festa ou se vamos escolher esse ou aquele livro para ler. O excesso de informações afeta diretamente nossas decisões porque estamos com pouca energia mental. Quanto mais decisões precisamos tomar ao longo do dia, mais perdemos o poder de decidir. Com isso, às vezes evitamos decidir, resistimos a qualquer mudança ou risco. O cérebro cansado toma um atalho nessas horas: não fazer nada.

O que os cientistas descobriram é que nossa "força de vontade" pode estar totalmente associada ao nível de energia mental. Se você resiste logo cedo a comer um doce, depois ao delicioso bufê de sobremesa, talvez no fim do dia seja difícil resistir a outras tentações.

Um experimento feito com pessoas em um shopping mostrou essa relação. Os pesquisadores perguntaram aos clientes sobre suas experiências nas lojas durante aquele dia e então pediram a eles que resolvessem o máximo possível de problemas aritméticos. O resultado mostrou que os compradores que haviam tomado muitas decisões nas lojas desistiam mais rápido dos exercícios.

Essa fadiga mental afeta diversos aspectos das escolhas que fazemos na vida. Um exemplo disso é o estudo feito por Mark Heitmann, Andreas Herrmann e Sheena Iyengar com compradores de carros na Alemanha que tinham de escolher entre quase 100 cores, motores, opcionais e itens diversos para seu carro novo. No começo, os compradores eram mais detalhistas, avaliavam com cuidado as decisões. Quando, porém, eram tomados pela fadiga mental, partiam para um expediente do tipo "qual a opção-padrão?". O que eles descobriram é que os compradores gastavam até 1.500 euros a mais em itens opcionais quando esses eram mostrados no momento em que a sua "força de vontade" já tinha sido consumida. Um resultado similar aconteceu com pessoas que precisavam decidir todos os detalhes para fazer um terno personalizado.

Muito cuidado quando for passar o dia no shopping, preferencialmente tome todas as decisões enquanto estiver com alto nível de energia, pois a tendência é de que, movido pelo cansaço, você tome decisões erradas ou simplesmente gaste mais com o que nem precisa.

Por que isso acontece? Uma linha de pesquisa parece ter chegado a uma conclusão: nosso cérebro depende diretamente da nossa capacidade de fornecimento de energia. O cérebro, como o restante do corpo, extrai energia da glicose, o açúcar produzido a partir de qualquer alimento. Ele não para de funcionar quando o nível de glicose é baixo, simplesmente deixa de fazer algumas coisas e faz outras. O cérebro responde fortemente a recompensas imediatas e presta menos atenção às possibilidades de longo prazo. Ou seja, mesmo que você esteja bastante empenhado em manter uma dieta, se o seu nível de glicose estiver muito baixo, vai ser difícil aguentar quando lhe oferecerem uma deliciosa bomba de chocolate. O prazer imediato vai sobrepujar a sua força de vontade, algo como se seu cérebro dissesse: "É só uma pequena bomba, não vai fazer mal algum, e eu já comi salada no almoço."

É claro que alguns cientistas contestam essa tese, mas eu acredito nela e acho que isso pode explicar muita coisa, especialmente no que diz respeito a dietas. Segundo Roy F. Baumeister, professor de psicologia da Universidade da Flórida, para seguir um regime alimentar você precisa de força de vontade, e para ter força de vontade você precisa comer. É o "segredo de Tostines" para as dietas!

A glicose também explica as decisões judiciais comentadas anteriormente. O estudo mostrou que no meio da manhã, durante um intervalo, era servido um lanche aos juízes. Os réus que eram julgados antes desse lanche tinham apenas 10% de chances de serem liberados, mas aqueles cujo julgamento era depois do lanche tinham 65% de chances. O mesmo se repetia com o intervalo do almoço. Infelizmente não podemos comer o dia todo e, por isso, precisamos lidar com esses momentos.

Uma pesquisa que fiz em parceria com a revista *Você S/A* mostrou que 80% das pessoas enrolam, durante o expediente de trabalho, entre 30 minutos e 3 horas diárias. Um estudo feito pela Universidade de Wurtzburg corrobora minha pesquisa. Os psicólogos alemães forneceram BlackBerry para mais de 200 pessoas usarem na sua rotina. Os celulares tinham um programa que perguntava a intervalos de tempo se estavam experimentando algum tipo de desejo. Os pesquisadores coletaram milhares de dados.

Sentir um desejo é o padrão. Metade das pessoas o sentia quando o celular perguntava. O resultado sugere que as pessoas gastavam entre 3 e 4 horas por dia resistindo a desejos. Os mais comuns eram a vontade de comer, de dormir, de se divertir, de dar um tempo no trabalho, jogando, e também desejos sexuais.

Quanto mais usamos o autocontrole para resistir a esses desejos, mais glicose consumimos, mais fatigados ficamos e menos decisões adequadas tomamos. Mundo cruel. Mais do que nunca precisamos entender esses mecanismos e desenvolver um processo constante de renovação de nossa energia. Isso inclui alimentação saudável, a intervalos regulares, e exercícios físicos. É necessário também evitar reuniões longas ou tarefas circunstanciais e usar o tempo certo para as coisas certas.

Alimente-se com sabedoria

Uma boa alimentação ajuda a equilibrar seu nível de energia e a obter uma performance satisfatória em seu dia a dia. Como não sou especialista no assunto, pedi à nutróloga Cláudia Benevides algumas dicas essenciais para uma alimentação saudável. Vale a pena incluir nas suas tarefas da próxima semana o agendamento de uma consulta com um nutricionista, endocrinologista ou nutrólogo para ajudar a definir a dieta mais equilibrada para o seu caso. Enquanto você não faz isso, veja algumas dicas da dra. Cláudia:

É comum ouvirmos as pessoas reclamando de estarem constantemente cansadas, sonolentas e sem energia para desenvolver suas tarefas diárias. A conhecida expressão "Você é o que come" tem seu fundamento no sentido de que os alimentos consumidos em sua dieta têm o poder de determinar a pessoa que você será:

Fora do peso ideal, com níveis elevados de estresse e com risco de desenvolvimento de diversas doenças. Ou saudável, com o corpo em forma e um cérebro "turbinado" fornecendo toda a energia e disposição de que você necessita para fazer o que quer e precisa.

Qual das duas é a sua escolha?

Se você optou pela segunda, incorpore na sua vida os hábitos descritos a seguir. Em algumas semanas você notará a diferença no seu dia a dia.

Sempre tome café da manhã: O cérebro, após horas de jejum em virtude da noite de sono, necessita de fontes de energia para desempenhar suas funções plenamente.

Outro bom motivo para você não ignorar essa refeição está em um estudo realizado pela Escola de Medicina de Massachusetts. Nele foi demonstrado que pessoas que pulam o café da manhã têm 4,5 vezes mais chances de desenvolver obesidade do que aquelas que tomam o desjejum regularmente.

Dê atenção especial aos carboidratos da sua dieta: Eles são o combustível cerebral, além de serem fundamentais para a produção de substâncias no cérebro que vão equilibrar o humor. Fique atento para escolher carboidratos de qualidade como os presentes em grãos integrais e frutas.

Alimente-se regularmente: Um estudo publicado no último trimestre de 2011 no *International Journal of Nutrology* reforça a mensagem de que seis refeições diárias são fundamentais para o suprimento energético adequado do corpo. Períodos de jejum superiores a três horas são interpretados pelo organismo como situação de risco, elevando os níveis de hormônios do estresse.

Evite dietas "milagrosas": Se você tem sobrepeso e fica cheio de esperanças de ter uma vida melhor e mais saudável em poucos dias com as chamadas "dietas da moda" que surgem diariamente, saiba que elas em geral são muito restritivas, fazem você perder peso rapidamente mas privam o organismo de substâncias fundamentais para o bom funcionamento cerebral (por exemplo, dietas que excluem carboidratos), deixando você de mau humor, com raciocínio lento e sem energia para desempenhar suas tarefas básicas.

Consuma regularmente alimentos ricos em vitaminas B, C e E: Uma revisão de estudos, realizada no Rush University Medical Center em novembro de 2011, demonstra a clara relação entre as vitaminas do complexo B, em especial a B_{12}, e o desempenho cerebral. Essa vitamina é fundamental para a transmissão dos estímulos entre as células cerebrais, agindo na cognição, velocidade de raciocínio e memória. As fontes mais ricas de Vitamina B_{12} são fígado e rim, seguidos por leite e derivados, ovos, peixe e carnes de músculo.

Vitaminas C e E são amplamente conhecidas como substâncias que têm poder antioxidante. Diversos estudos demonstram que uma dieta rica nesses elementos retarda o envelhecimento cerebral. Boas fontes dessas vitaminas são: nozes, frutas cítricas, vegetais folhosos, óleo de germe de trigo e girassol.

Troque seu estresse por um dia a mais

Todo mundo está sujeito a estresse, basta estar vivo para que as situações estressantes comecem a surgir. Mas, com excesso de tarefas, problemas financeiros, de relacionamento, de saúde ou qualquer outra coisa que esteja preocupando você, o estresse aumenta.

O problema do estresse é que as pessoas estão tão assoberbadas de coisas para fazer que não percebem ou não aceitam o estresse em que vivem. Isso só faz com que você permaneça nas células erradas da matriz. É impossível eliminar o estresse, mas precisamos achar uma forma consistente de renovação permanente de nossa energia.

Renovar a energia significa descobrir o que nos faz dar um "up" em nossos corpos físicos, mentais, emocionais e espirituais. Infelizmente, quando perguntamos às pessoas com alto nível de estresse "O que você gosta de fazer para se equilibrar?", poucas sabem a resposta. Eu vivi isso e vejo muitos executivos passarem por essa mesma situação.

Há muitas formas de aliviar o estresse; existem bons livros, com boas dicas sobre esse assunto. Se eu puder resumir uma estratégia simples para equilibrar seu corpo e aumentar seu nível de energia a fim de focar na mudança para a célula 4, seria imaginar que Deus lhe deu de presente um mês com 32 dias. Nesse dia adicional, ele permite que você faça qualquer coisa que esteja ao seu alcance, só não vale trabalhar nem dormir em excesso.

O que você faria no seu dia perfeito? Aonde você iria? Quem você levaria? O que o faria sorrir e esquecer dos problemas? Comece pela manhã, siga pelo almoço e vá até o fim do dia. Selecione uma ou duas atividades que sejam rápidas e fáceis de serem incorporadas no dia a dia e obrigue-se a colocá-las na agenda.

Um dia perfeito para mim começaria com um excelente café da manhã em família, depois alguma prática esportiva, um almoço em um lugar gostoso, cinema, uma boa leitura, um bom filme e um jantar light. Tempo para conversar com minha família e entender o mundo deles. Poderia ser uma viagem para um lugar diferente. E o seu dia perfeito?

Esse dia perfeito é apenas um *brainstorming* do que pode tornar sua rotina mais equilibrada. No meu caso, uma coisa que me estressa são as viagens constantes, e meu nível de energia cai demais quando deixo de almoçar ou tenho de acordar muito cedo (coisas que evito ao máximo). Nem sempre dá para escolher o que fazer, então nesses dias mais estressantes eu procuro praticar tênis logo cedo ou no fim do dia. Quando estou em casa, assisto a um bom filme com minha esposa e as crianças. Quando estou em um hotel, gosto de colocar a leitura em dia e geralmente pesquiso na internet um bom restaurante português para comer bacalhau, um dos meus pratos prediletos. Uma ou outra dessas pequenas atividades ao longo da minha rotina ajuda a restabelecer meu nível de energia.

Não espere o estresse derrubá-lo para refletir sobre isso. Pense no seu próprio dia perfeito, selecione atividades, descubra novos hobbies, estimule as pessoas importantes de sua vida a participarem de sua rotina e experimente um novo nível de energia e um consequente equilíbrio na sua vida. É o caminho para a célula 4.

MUITAS IDEIAS, MUITOS COMEÇOS, POUCAS REALIZAÇÕES

Meu nome é Izabel, moro em Cuiabá, me formei em direito aos 25 anos de idade depois de muitas dificuldades para conseguir pagar meu curso, pois vim de uma família com poucos recursos e na maior parte do tempo tinha de me virar para ajudar em casa e pagar a faculdade. Nesse meio-tempo comecei a estudar para o exame da Ordem dos Advogados do Brasil (OAB), mas, como precisava me sustentar, consegui uma colocação como vendedora em uma firma de venda de móveis, na qual fiquei por quatro anos, apesar de minha constante insatisfação. Depois aceitei a proposta para trabalhar como gerente de uma loja de roupas no shopping. Alguns anos mais tarde, em paralelo com meu emprego, aceitei a proposta de uma amiga e começamos um pequeno negócio no ramo de alimentação. Nesse ramo, conheci meu atual marido, que é professor e coordenador de uma escola em nossa região.

Acho que seria uma ótima advogada, sempre gostei de desafios e acredito também que essa profissão poderia me proporcionar grandes alegrias. Eu retornei a um curso preparatório para o exame da OAB e lá descobri algumas possibilidades de concurso para o setor público que me interessaram bastante. Acho que vou abraçar o desafio.

Como tenho um pequeno negócio de alimentação, me matriculei num curso de gastronomia e, junto com meu marido, pensei em criar na região um curso de culinária rápida para o dia a dia, pois é algo de que gostamos muito. Estamos finalizando as primeiras aulas e muito em breve devemos testar com os amigos.

Um dos sócios da escola convidou meu marido para ser o diretor responsável por outra unidade que eles irão abrir no próximo semestre em uma cidade a 200 quilômetros de onde estamos. Financeiramente

> e como oportunidade de carreira é uma opção que o empolga muito, mas eu não sei o que fazer.
>
> Estou desesperada. Minha vida está um caos, não tenho tempo para nada, vivo cansada com essa tripla jornada, nossa relação familiar está se deteriorando, pois sinto que nossos sonhos estão nos afastando. Nossa renda está totalmente comprometida com dívidas contraídas para o investimento nessas possibilidades. Precisamos rapidamente aumentar nossa receita ou vamos ter de pedir empréstimo. Não sei o que fazer da minha carreira. Gosto de muitas coisas mas não sei o que de fato quero fazer. O que sei é que estou com 36 anos e não sei o que estou fazendo da minha vida.

A história de Izabel é um caso clássico da célula 2 da Matriz da Vida – perfil do perdido: baixo equilíbrio e baixo resultado. Reparou que o termo "perdido" não é à toa? Izabel, assim como outros milhares de pessoas, está perdida em uma série de oportunidades, convites e ideias que aparecem constantemente em nosso dia a dia e confundem nossa capacidade de decidir aquilo que realmente precisa ser feito.

E você? Está cheio de ideias e oportunidades na vida, mas vazio de decisões sobre que rumo tomar? Não fazemos o que deveríamos fazer porque estamos lotados de ideias e isso atrapalha demais, não é verdade?

Começamos a entender quão difícil é chegar à célula 4, do resultado e equilíbrio, se não conseguimos discernir o que nos pode levar até lá. É claro que a vida não é um conjunto de certezas, nunca dá para prever e achar que todos os nossos planos vão acontecer da maneira como esperamos, mas sem planos fica muito mais difícil sair do lugar. Se você parar para analisar, o nosso tempo é consumido por essas incertezas, acabamos querendo tudo e não temos nada, mas sobram cansaço e reclamações.

A origem do excesso de ideias

A confusão mental em que vivemos, em um mundo de tantas oportunidades, informações, ideias, tecnologia etc., transforma nosso cérebro em um repositório de ideias que mais nos atrapalham do que ajudam. Estamos a toda hora pensando em coisas novas, diferentes, criativas e nem acabamos de concluir aquilo que começamos há pouco e que considerávamos a grande oportunidade do ano. Mas, afinal de contas, o que causa esse excesso de ideias? As origens são as mais diversas. A mais óbvia é que somos pessoas com uma capacidade criativa diferenciada e isso por si só já ajuda a gerar uma série de ideias. Existem outras fontes de conflito. São elas:

Falta de clareza do que é realmente importante: Já abordei essa temática nos livros *A tríade do tempo* e *Mais tempo mais dinheiro*. Essa premissa é uma grande geradora de ideias, pois, sem saber o que realmente é importante, acabamos aderindo a muitas atividades e isso nos rouba tempo, energia e resultados. Descobrir o que é importante não é uma tarefa simples, é preciso um esforço de autoconhecimento: abdicar de coisas que são "falsos importantes" e descobrir que relacionamentos são a chave de uma vida com tempo bem utilizado. Pessoas que não sabem o que é importante são alvos fáceis de atividades circunstanciais, de indivíduos que se aproveitam para impor sua própria vontade e usar o tempo alheio, e não conseguem ter clareza do próximo passo na sua vida.

Excesso de informações: Estamos afogados em tanta informação existente hoje na internet, na TV, em jornais, revistas etc. Para qualquer coisa que você procure, com certeza encontra centenas de informações disponíveis. Você pensa em comprar um carro. Aí começa a pesquisa no site da marca desejada. Depois, você vai para o site de revistas especializadas a fim de verificar as avaliações do carro. Então, depara com um modelo similar que não tinha percebido, procura no site de reclamações para ver se não terá problemas, aí conhece algumas pessoas que compraram e estão satisfeitas e outras que odeiam e indicam um modelo que você não tinha levado em consideração, e então começa tudo de novo. Quanto mais informações, maior o volume de ideias e insights que vamos ter para aquilo que estamos precisando, e isso gera uma paralisia, não conseguimos decidir e agir para resolver. Perdemos tempo e ainda por cima nos sentimos estressados com tanta informação disponível. Vivemos em uma sociedade de informação que, se não soubermos parar no tempo certo, nos torna insanos, pois a quantidade é quase gigantesca. O problema é descobrir o que tem qualidade e usar a informação certa no tempo certo.

Ansiedade: Diz o ditado que a "necessidade faz o ladrão" e isso funciona para nossas ideias. Quanto mais ansiosos estamos para resolver um problema, mais ideias nos ocorrem para tentar chegar a uma solução. É algo natural e às vezes dá certo, em outros casos piora o problema! Um exemplo comum é quando há dificuldades financeiras envolvidas, como no já citado caso de Izabel. Ela precisava gerar mais receita e aí começou a ter ideias, de advogada a possível cozinheira. Ansiedade é um combustível poderoso da geração de ideias.

Networking: Grupos são geradores de ideias por si sós. Quanto mais você compartilha seus problemas e necessidades, mais ideias vão sendo propostas e geradas. Eu gosto muito de reunir pessoas para geração de ideias, acho que diferentes pontos de vista podem ajudar muito. Cada vez mais popular, o *crowdsourcing* ou "inteligência das multidões" – conjunto de portais que permitem que várias pessoas participem da solução de um problema – tem sido muito utilizado. O problema é quando essas ideias mais confundem do que ajudam, pois dar palpite é fácil, fazer são outros quinhentos, não é mesmo?

Algumas pessoas insistem em dizer que a falta de foco é uma geradora de ideias. Eu não concordo. Acredito que a falta de foco é uma decorrência do volume de ideias que temos. Se a pessoa tivesse menos ideias, ela teria consequentemente mais foco. Isso exclui a desculpa batida de que algumas pessoas "nasceram sem foco". Não é verdade, você pode ter nascido sem um bom filtro de ideias, e não sem foco!

Não confunda minha afirmação acima com o caso de pessoas que sofrem de TDAH (transtorno do déficit de atenção com hiperatividade). Uma coisa é desatenção, esquecimento, inquietude, impulsividade e foco nas pequenas atividades; outra coisa é não ter clareza sobre o que deve ser feito na *big picture* (visão geral), como dizem os americanos. Conheço diversos casos de pessoas com TDAH que têm um excelente filtro de ideias, sabem quais delas devem ser seguidas e conseguem ter resultados e equilíbrio.

Esse "filtro de ideias" é algo que pode ser aprendido, como veremos mais adiante. Identificando nossas fontes de ideias, nos tornamos conscientes dessa origem e podemos começar a estabelecer filtros para ela.

O EXCESSO
DE IDEIAS
EXAURE NOSSA
CAPACIDADE
DE TER FOCO.

O problema com o excesso de ideias

Talvez, ao ler este capítulo, você esteja passando por um momento cheio de ideias na sua vida. Talvez esteja propenso a fazer um novo curso, a mudar de carreira, a tentar novos empreendimentos, a reformar sua casa, a fazer uma viagem, a mudar a cor do cabelo etc.

Ter ideias não é prejudicial, muito pelo contrário; o problema é quando essas ideias vêm em excesso e prejudicam sua entrada na célula 4. O excesso de ideias exaure nossa capacidade de ter foco, prejudica nosso planejamento, consome um volume de tempo desnecessário, faz com que gastemos dinheiro à toa, cria mais ansiedade e faz com que não consigamos achar novas soluções.

Eu tenho um amigo, Humberto Matsuda, que é especialista em ouvir ideias. Ele é vice-presidente de um fundo de investimento para empresas startup e lida diariamente com empreendedores que querem transformar suas ideias em empresas de sucesso, com um empurrão financeiro de um fundo de investimento.

Eu tive a oportunidade de acompanhá-lo em algumas dessas reuniões. Uma especificamente é um exemplo de como ideias podem prejudicar uma empresa. O empreendedor era um jovem de uns 25 anos, cheio de garra e ideias na cabeça. O negócio tinha a ver com o mercado de estudantes no Brasil. Ele começou a explicar de que se tratava o negócio, como ia ganhar dinheiro, quais seriam os concorrentes etc. Logo depois da apresentação ouviu dos investidores que a ideia tinha muitos furos e não considerava a questão de como gerar receita.

Do feedback recebido até a enxurrada de ideias que se seguiu foram poucos segundos. O empreendedor começou a enumerar todas as aspirações que tinha para seu negócio, mas que não estavam explícitas nem escritas. Era tanta coisa que a empresa poderia fazer, mercados em que poderia atuar, soluções para vender, que simplesmente descaracterizou tudo o que tinha dito anteriormente e tornou o empreendimento inviável. Na reunião obviamente não fecharam negócio. A falta de uma ideia central, como em muitos empreendimentos, acabou prejudicando toda a apresentação. Claro que o empreendedor não entendeu isso, acho até que ficou meio bravo. No final Humberto disse algo que, se o empreendedor guardar, vai ajudá-lo muito: "Enquanto tiver tantas ideias, você não tem uma oportunidade real de negócio, você não tem uma ideia."

A mesma frase se aplica a nossa vida: enquanto você tiver muitas ideias, vai ser difícil ter resultados e equilíbrio de verdade, vai ser difícil fazer o que deve ser feito. Ideias em excesso, sem controle, atrapalham sua clareza mental, não deixam você realizar algo até o final, fazem você se perder em detalhes sem sentido e gastam seu tempo, seu dinheiro, sua paciência. E não digo isso apenas àquelas pessoas que só têm ideias e não as realizam. Falo também para as pessoas que têm muitas ideias e realizam várias delas, que podem ter um perfil de muito resultado e pouco equilíbrio ou nenhum dos dois.

Infelizmente o excesso de ideias também não é positivo para o nosso cérebro. Quanto mais informações e dados temos na cabeça, pior nosso processo de decisão. Angelika Dimoka, diretora do Centro Neural de Tomada de Decisões da Temple University, em conjunto com um grupo de cientistas, desenvolveu uma espécie de "quebra-cabeça" de combinações. Um jogo com uma série de alternativas, para testar a capacidade de decisão das pessoas. Quanto mais informações e ideias eram inseridas, mais ansiosas e mentalmente exaustas elas ficavam. Quanto mais tentavam, mais erros críticos cometiam.

Dimoka analisou voluntários em um equipamento de ressonância magnética funcional a fim de mensurar sua atividade cerebral. À medida que mais informações surgiam no jogo, mais aumentava a atividade no córtex pré-frontal (região responsável pela tomada de decisões e controle das emoções).

Os pesquisadores foram dando cada vez mais informações para fazer as medições e consequentemente a atividade no córtex pré-frontal (CPF) aumentava, até que, de repente, a atividade no CPF caiu, como se tivesse acontecido um curto-circuito. Os voluntários começaram nesse momento a fazer péssimas escolhas e a cometer erros primários. A sua frustração e a ansiedade também só aumentavam, pois é a mesma região cerebral que regula esses sentimentos. Dimoka afirma que "quanto mais informações, menos decisões e menos sentido".

Outra pesquisa, a meu ver assustadora, mostra quanto o volume de dados faz mal, inclusive à nossa saúde. Grande parte da população mundial sofre com problemas de dores nas costas (sem dúvida a chance de você vir a sofrer de algum problema nas costas ao longo da vida é bem alta). Nos anos 1960 houve um surto desses problemas e os médicos não tinham muitas respostas. Trata-se de uma região do corpo bem difícil de se fazer um diagnóstico, são muitos pequenos ossos, ligamentos, vértebras, músculos etc. Com tantas possibilidades, era muito complicado o médico fazer um diagnóstico preciso, mesmo com o uso de raios X. Naquele tempo, o tratamento padrão era ir para casa descansar ou tomar remédios genéricos para dor. Apesar de simples, esse tratamento era eficaz após algumas semanas na maioria dos casos.

Na década de 1980, com a introdução da ressonância magnética, essa história começou a mudar. Pela primeira vez os médicos tinham clareza sobre as possíveis causas de dores nas costas, com imagens nítidas e um diagnóstico mais preciso da origem da dor. Foi uma verdadeira revolução no tratamento de dores nas costas e a ressonância se tornou quase que um padrão para o diagnóstico.

Em 1994, o periódico *New England Journal of Medicine* publicou um estudo em que 98 pessoas sem problemas nas costas passaram pelo equipamento de ressonância e tiveram a coluna vertebral escaneada. As imagens foram enviadas a vários médicos para um diagnóstico, sem que lhes fosse informado que as pessoas examinadas não tinham problemas. O resultado é assustador: os médicos reportaram que 2/3 dos pacientes tinham sérios problemas. Em 38% dos pacientes, foram atestados discos severamente danificados. Noventa por cento deles tiveram o diagnóstico de "degeneração de discos". A maioria desses diagnósticos leva à indicação de cirurgia, mesmo que poucos médicos indicassem esse tratamento a pessoas sem nenhum tipo de dor. Isso foi provado em um estudo com 380 pacientes que tinham dores nas costas e que foram submetidos a dois tipos de análise. Em um grupo, cujo diagnóstico foi feito a partir de ressonância, praticamente 50% deles foram classificados como portadores de anomalias de disco, o que levou a uma série de intervenções médicas, injeções, fisioterapias etc. O outro grupo foi menos ao médico e quase não sofreu intervenções. O resultado, publicado no *Journal of the American Medical Association*, mostrou que, no final, ambos os grupos tiveram praticamente o mesmo resultado.

Em um *guideline* da Sociedade Americana de Dor, os médicos foram altamente recomendados a usar o diagnóstico por ressonância magnética apenas em casos extremamente específicos e não para todos os tipos de dor.

Podemos concluir que o excesso de informações geradas pela ressonância magnética estava, na verdade, prejudicando a análise crítica dos médicos, em vez de apoiá-los na escolha do melhor tratamento. Quanto mais ideias são geradas pelos exames, mais o cérebro do médico pode se confundir e, com esse excesso de informações racionais, ele pode simplesmente se perder. Nesse caso, um simples exame de raios X, com menos dados, seria uma alternativa bem melhor.

Se até médicos, altamente treinados (ou não!), podem se confundir com a quantidade de informações, imagine as consequências desse volume de ideias em nossa cabeça a médio e longo prazos. O mundo não para de nos dar mais e mais informações, mais e mais possibilidades.

As fontes de ideias estão presentes em cada minuto de nossa vida e isso só agrava esse "curto-circuito" cerebral. Se você está passando por um momento em que as ideias se atropelam na sua cabeça, repare se não está mais ansioso, mentalmente cansado no fim do dia, confuso, errando em coisas simples, afobado e tomando decisões que sempre parecem dar errado. É apenas o funcionamento do cérebro, comprovado em diversas pesquisas, em ação na sua vida.

Deu para perceber o problema que temos se nossa mente está abarrotada de ideias? Percebe como isso paralisa sua capacidade de dar um próximo passo em diversas áreas de sua vida? Analise seus momentos anteriores e veja quanto isso pode ter prejudicado o seu momento atual.

Ideias em excesso criam uma "Matrix" própria, como se você estivesse no filme e vivesse uma ilusão diária, sem perceber quanto isso o afasta da realidade que precisa viver. Ideias em excesso criam condições que não existem e muitas vezes afastam você de resolver seus problemas reais. As ideias fazem o cavalo e o cavaleiro andarem na direção errada, pois o mapa está errado. É preciso escolher o mapa certo!

Ideias executáveis: escolha suas ideias e coloque sua vida na direção do equilíbrio e resultado

Ideias executáveis, na minha definição, são aquelas que foram pinçadas no mar das ideias em sua cabeça, que têm um foco na obtenção de resultados com equilíbrio, que permitem vencer a tendência de procrastinar e que são viáveis de serem colocadas em prática. É assim que as pessoas saem do lugar, com foco, e não com milhares de ideias.

É importante frisar que o problema não é ter ideias, elas são vitais para nossa existência. O problema está em nossa capacidade de filtrá-las, de selecionar aquelas que realmente nos ajudam a sair do lugar e que nos permitem colocá-las em prática sem pestanejar.

Ideias que não tragam resultados com equilíbrio para sua vida podem estar prejudicando-o, sem que você, ao menos, se dê conta disso. Algumas vezes você pode até ter conseguido filtrar suas ideias, mas filtrou as ideias erradas. Ideias que talvez tenham emperrado sua carreira por anos e afetado sua vida financeira e sua saúde.

Algumas pessoas podem associar o sucesso à sorte. Dezenas de livros afirmam que a sorte é uma atitude pessoal que, uma vez desenvolvida, ajuda o indivíduo a ter mais resultados na vida. Eu gosto de associar sucesso à capacidade de fazer as escolhas certas, de filtrar ideias que talvez nem sejam as mais brilhantes, mas que no final, com uma execução afinada, dão mais resultado.

Lembra da história do Celso, nosso exemplo da célula 4? Reparou que ele pontua enfaticamente cada ideia que o fez seguir sua trajetória de sucesso, suas escolhas. Isso foi praticamente um padrão nas pessoas que entrevistei e que estavam na célula 4. Saber escolher ideias faz toda a diferença na vida das pessoas, poupa tempo, dinheiro e energia. Encurta a distância para a célula do equilíbrio e resultado.

Isso não significa que elas têm um dom divino para escolher as ideias que vão dar certo. Muito pelo contrário, elas também escolhem ideias erradas que não deram certo, mas têm um *mindset* que propicia a imediata correção da rota, e isso realmente faz a diferença. Este é o traço mais notável de quem está na célula 4: o conjunto da capacidade de escolher e da rápida execução das correções da rota.

Pesquisei métodos de tomada de decisão, busquei na neurociência modelos de pensamento estratégico, modelos matemáticos e, como esperado, não encontrei uma fórmula única no processo de seleção de ideias. Há uma vasta bibliografia sobre o assunto, mas eu fiquei com mais perguntas do que respostas. A única certeza é que esse será um campo da ciência que deverá avançar muito nos próximos anos.

Esta parte do livro e a próxima foram as que me tomaram mais tempo para escrever. Minha mente racional não me permite tirar ideias da cabeça e sair recomendando aos outros. Eu não tinha uma ideia preconcebida de como ajudar as pessoas a selecionar ideias, era preciso testar, experimentar, errar, e de vez em quando acertar, para criar o protótipo de um modelo.

Acredito que a versão final desse modelo tenha ficado bastante funcional. Isto não quer dizer que seja o modelo perfeito, mas ele pode ajudar você a ter alguns insights que lhe permitam fazer uma seleção a seu próprio modo.

Eu mesmo testei esse modelo antes de experimentá-lo com amigos, clientes e voluntários. Meu princípio básico era guiar a pessoa na seleção das ideias que pudessem lhe trazer resultados e equilíbrio. O objetivo, ao apresentá-lo aqui, é dar a você um roteiro que facilite tomar decisões, estruturar a bagunça mental e decidir com mais clareza o que é melhor para sua vida.

Na aplicação do modelo final, participaram, no grupo de validação, 64 voluntários, que testaram a funcionalidade do método para selecionar ideias executáveis. Desses voluntários, 12 não conseguiram o resultado proposto (18%) e 52 tiveram o resultado esperado e conseguiram selecionar algumas ideias executáveis para realmente focar. A seguir está o roteiro que você pode aplicar para selecionar com mais facilidade suas ideias:

1. Escreva suas ideias

Imagine que você está com um grupo de amigos, em carros e motos, descendo uma serra que desconhece. De repente surge uma neblina bastante densa que dificulta muito a visibilidade. Nesse momento você não consegue mais ver seus amigos, seu senso de localização fica comprometido, seu nível de estresse aumenta em função do risco imposto pela condição da estrada, seus amigos aparecem e desaparecem no meio da neblina.

Eu moro em Santos, no litoral de São Paulo. Em alguns períodos do ano, quando desço a serra de São Paulo para Santos, é essa situação que encontro. Essas condições climáticas são muito comuns nessa região e o risco de acidente aumenta consideravelmente, pois é impossível, por mais que você conheça a estrada, ter segurança e visibilidade. O que a concessionária da rodovia costuma fazer nessas condições é fechar o pedágio até juntar uma certa quantidade de veículos e fazê-los descer em comboio, com a polícia rodoviária na frente a uma velocidade média de 50 quilômetros por hora. Com isso, o efeito da neblina é minimizado, você começa a ver os carros, que agora estão próximos, em quantidade e a uma velocidade constante.

Parece que nem existe neblina, o que faz com que muitos motoristas reclamem do que consideram um excesso de precaução.

A neblina na serra e a sua mente cheia de ideias são muito parecidas. Enquanto estão na cabeça, as ideias se encontram de certa forma envolvidas por uma "névoa", elas podem escapar rapidamente da sua visão, e você pode nunca mais encontrá-las. Sem que possam ser vistas com clareza de detalhes, elas acabam se perdendo.

A forma de começar a limpar a neblina é tirar as ideias da cabeça e colocá-las em outro lugar. Assim como recomendo que você organize suas tarefas a fim de gerenciar seu tempo, é necessário tirar as ideias da cabeça, se quiser filtrá-las e executá-las.

Tirar ideias da cabeça significa escrevê-las (ou gravar em áudio, se preferir) para que possamos passar a outras etapas da seleção. Pode parecer simples, mas quando perguntei às pessoas do teste se elas tinham o costume de escrever suas ideias, apenas 38% disseram que faziam isso com regularidade.

Escrever também estimula o cérebro (existem diversos estudos publicados sobre isso). Um deles defende inclusive que as crianças precisam do movimento da escrita para seu desenvolvimento cerebral, pois sem isso teríamos algumas deficiências em nossa fase adulta.

Virginia Berninger, psicóloga da Universidade de Wisconsin, testou estudantes e descobriu que, ao fazer redações escritas à mão, eles geravam mais ideias do que quando as faziam usando o computador. Em outra pesquisa, Berninger mostrou que a sequência de movimentos com os dedos, necessária para escrever, ativa regiões do cérebro envolvidas com pensamento, linguagem e memória de curta duração. O mesmo efeito acontece, se você escrever com uma caneta em um tablet.

Eu, particularmente, considero o resultado da pesquisa bastante concludente. Quando estou meio travado de ideias, gosto de escrever à mão ou no tablet. Quando já tenho a ideia e preciso apenas tirá-la da cabeça para destrinchá-la melhor, eu gosto de usar um software de mapas mentais – um tipo de representação de ideias em formato de neurônio, desenvolvida por Tony Buzan, que facilita a geração, classificação, estruturação e visualização de ideias, desde as mais simples até textos bem complexos, em um único gráfico.

Nessa primeira etapa do processo de seleção de ideias, o objetivo é escrever todas as ideias que rondam sua cabeça. Não se preocupe se são viáveis, nem se são muito importantes para você. Também não

A NEBLINA NA SERRA E A SUA MENTE CHEIA DE IDEIAS SÃO MUITO PARECIDAS.
SEM QUE POSSAM SER VISTAS COM CLAREZA DE DETALHES, ELAS ACABAM SE PERDENDO.

ligue para o que os outros vão pensar. Apenas escreva tudo o que lhe vai na cabeça. Utilize o caderno, o tablet, o software de mapas mentais, teste o que melhor funciona para você e simplesmente escreva. Não pare até ter a mente esvaziada.

Se quiser fazê-lo agora, utilize o espaço a seguir para tirar algumas ideias da cabeça, antes de passarmos para a segunda etapa.

2. Agrupe suas ideias em equilíbrio e resultado

Antes de selecionar suas ideias é necessário verificar se você tem clareza do que realmente necessita neste momento da sua vida. Sem saber o que precisa, tudo vai servir, você ficará sem foco e mais e mais ideias vão brotar em sua cabeça.

O objetivo é colocar você na rota de resultados com equilíbrio e isso obviamente vai depender da sua posição na matriz. Supondo que você esteja na célula 3, onde você tem resultados mas não tem equilíbrio, é bem provável que suas necessidades estejam relacionadas a alcançar maior equilíbrio na vida. Se você está na célula 1, onde tem equilíbrio mas não tem resultado, provavelmente terá necessidades ligadas à geração de mais resultados. Se estiver na célula 2, provavelmente precisará dos dois. O mais comum de acontecer, e por isso a necessidade de agruparmos, é ter a tendência, ou a facilidade, de gerar mais ideias naquilo que somos mais fortes. Se você, por exemplo, está na célula 1, provavelmente teve mais ideias de equilíbrio do que de resultados, pois é aquilo que está mais presente no seu dia a dia e que, portanto, é mais fácil de pensar.

Agrupar ideias permite identificar essa deficiência e ajuda você a reforçar aquelas de que realmente necessita e a não ficar na mesma para sempre. Existem milhares de exemplos de ideias em cada uma dessas áreas. Vou citar alguns, para reforçar o que foi discutido anteriormente:

Ideias de equilíbrio: Tempo para a família; Melhorar a saúde; Descobrir meus hobbies; Achar o verdadeiro amor; Descobrir minha missão pessoal; Emagrecer; Reduzir o estresse; Desenvolver meu lado espiritual; Melhorar minha capacidade de feedback; Viver intensamente; Melhorar meu relacionamento com fulano; Sair do sedentarismo ; Parar de fumar; Aceitar minha autoimagem; Adquirir mais cultura; Aproveitar o que já tenho; Aprimorar minha capacidade de dizer não a algo que não me agrade etc.

Ideias de resultado: Falar inglês fluente; MBA em Gestão Empresarial; Desenvolver carreira de consultor; Fazer dinheiro na minha profissão; Comprar casa própria; Viajar para a Disney; Cargo de diretor; Criar meu próprio negócio; Aprender a investir meu dinheiro; Correr a maratona de São Paulo; Ganhar o Prêmio Profissional do Ano; Escrever um livro etc.

Claro que são apenas exemplos, e não ideias, que você precisa usar. Dificilmente alguém, além de você, é capaz de entender suas mais profundas necessidades, e, quando tentam, você pode até aceitar, mas, se não for algo que queira profundamente, a ideia vai ser bloqueada na fase de procrastinação.

Repare que essas ideias são bem vagas, portanto este não é o momento de julgá-las, apenas de agrupá-las. Pegue as ideias que escreveu na etapa anterior e as agrupe nas colunas a seguir.

IDEIAS DE EQUILÍBRIO	IDEIAS DE RESULTADO

3. Defina o que é prioritário

Agora que já temos as ideias e sabemos a que grupo pertencem, é o momento de ver quais delas vamos levar adiante. Se o problema de ter ideias é o excesso, a solução é ter poucas ideias, mas ideias que realmente nos ajudem a obter aquilo que precisamos (equilíbrio e resultado).

A maioria das pessoas reluta em deixar ideias de lado, e há quem acredite que precisa realizar ou pelo menos experimentar tudo o que lhe vem à cabeça. Isso pode até funcionar para algumas pessoas, mas não consegui achar ninguém na célula 4 que tivesse excesso de ideias. Trata-se de pessoas extremamente criativas, com muitas ideias, mas com uma capacidade ímpar de pinçar apenas aquelas que de fato podem levá-las onde querem.

Priorizar é a chave para você filtrar suas ideias, para saber o que precisa ser feito e o que deve ser posto de lado no momento ou mesmo apagado de vez da sua vida. Quem tenta fazer tudo não faz nada, só gasta energia, tempo e perde as oportunidades de priorizar aquilo que realmente o colocaria na rota da célula 4.

Se você tiver facilidade em fazer isso, ótimo, mantenha o seu próprio modelo para filtrar suas ideias; caso contrário, vou sugerir um modelo que testei com os voluntários e funcionou bem.

O primeiro passo para priorizar é definir as variáveis que servirão para avaliar todas as ideias. Você pode criar suas próprias variáveis e critérios (desde que sejam poucos), mas sugiro como início estes três:

Necessidade: Esta, sem dúvida, é a variável mais importante. Se você não precisa, para que investir tempo e energia? Entendendo a relação entre resultado e equilíbrio, aquilo em que você pensou é realmente o que você mais precisa? A ideia é extremamente necessária para sua vida? Conseguirá viver sem essa ideia feliz?

Viabilidade: Eu adoraria fazer uma campanha nacional para mudar os dispositivos do código penal brasileiro, que considero um dos maiores problemas do país, mas infelizmente não é uma ideia viável neste momento da minha vida. No mínimo seria um esforço hercúleo que poderia comprometer outras prioridades. A sua ideia é viável? Você é capaz de executá-la ou ela é apenas um sonho distante?

Paixão: Ideias não podem ser apenas racionais, precisamos do nosso cérebro emocional para apoiar a persistência no caminho. Você está apaixonado a ponto de querer se dedicar a sua ideia? Sem paixão nada acontece; se você não vai se apaixonar por sua ideia, para que insistir em algo que vai se dissolver em pouco tempo?

Essas variáveis precisam ter um peso, uma nota que permita classificar nossas ideias. Eu sugiro um peso maior para necessidade, algo como uma nota 3, depois para viabilidade (nota 2) e em seguida para paixão (nota 1). Fique à vontade para montar sua própria escala. Se não tiver uma, experimente esta que testamos e veja se funciona.

O próximo passo é pôr as ideias que escreveu na coluna do que mais precisa (equilíbrio/resultado) e dar notas:

IDEIA	NECESSIDADE (0-3)	VIABILIDADE (0-2)	PAIXÃO (0-1)	TOTAL
Fazer MBA	2	2	1	5
Comprar carro	3	1	0	4
Entrar em academia	3	0	0	3
Abrir negócio	0	1	1	2

4. Filtre de forma racional e emocional

Com as ideias escritas, classificadas na variável da matriz que indica o que você mais precisa no momento e já com o devido peso atribuído, é o momento final de seleção.

Para dar seguimento, selecione as cinco ideias (caso não tenha cinco ideias, não há problema, melhor ainda) que tiveram a maior pontuação na fase anterior e escreva-as neste espaço.

Se você chegou até aqui, é porque conseguiu limitar seu número de opções, de informações e tem alguns critérios que podem ajudá-lo a decidir. O que fizemos até agora foi preparar o terreno para ajudar seu cérebro a decidir melhor o que deve ser feito. Nós filtramos suas ideias e deixamos apenas aquelas mais coerentes com o seu propósito de conseguir mais resultados e equilíbrio na vida.

Se as ideias selecionadas ainda não são totalmente satisfatórias para você, sugiro que espere alguns dias ou até algumas semanas e repita todo o processo a fim de verificar se as ideias se confirmam ou são alteradas. Dê tempo ao tempo: às vezes você precisa esperar um pouco para que as ideias assentem na sua cabeça. O processo de escolha do nosso cérebro é extremamente complexo, tem muitas áreas envolvidas, não permite ter uma fórmula única de tomada de decisões. Agora é o momento de pensar racionalmente e também emocionalmente; é o momento do feeling, pois na escuridão da incerteza humana é que na maioria das vezes, lá no fundo, sabemos o que vai dar certo.

Releia as cinco ideias anotadas, veja aquelas que realmente acha que ajudariam a sua vida a ter mais resultados e equilíbrio. Escolha algumas delas, a quantidade vai depender da sua capacidade de execução, que veremos mais adiante. Por ora, vale a dica de que menos nesta etapa inicial é mais equilíbrio e resultado! Se não souber o número certo de ideias para selecionar, sugiro que escolha apenas uma. Isto não significa que você terá de abandonar as ideias que não foram escolhidas nesta etapa do processo. Deixe-as registradas e em um momento oportuno traga-as de volta. Quando você se familiarizar com este modelo, terá mais facilidade para lidar com as ideias que foram deixadas para trás.

Pense com a cabeça e com o coração, visualize a ideia concluída e o resultado dela para sua vida. Analise bem e escreva no espaço a seguir as ideias que selecionou entre as cinco. São elas que vão começar a colocar você no caminho para a célula 4 da matriz, e que iremos explorar nos próximos capítulos.

Se você está passando por um momento de muitas ideias, seria bom cumprir os passos propostos a seguir. Veja o que acha e use a *hashtag* #pqaspessoasnaofazem para contar suas experiências em suas redes sociais; com certeza seu relato será de grande valia para outras pessoas.

*

Espero que este processo tenha ajudado você a filtrar suas ideias. Sem isso será impossível continuar nas próximas etapas. Caso você esteja numa situação contrária, ou seja, se não tiver ideias, procure nas fontes alternativas para criação de novas ideias. Particularmente, quando estou sem ideias, eu gosto de participar de eventos, ativar meu networking e fazer um brainstorming sozinho ou com meu time. São momentos que geram alguns bons *insights*.

    Este processo não vai fazer com que você pare de ter ideias; elas vão continuar surgindo, provavelmente em menor quantidade. A dica é repetir o passo 1; se você selecionou e vai se guiar pelas ideias selecionadas, deixe as outras anotadas para uma futura seleção. Se a nova ideia ajudar a corrigir a rota da ideia atual, vale a pena o ajuste. Cuide bem das ideias selecionadas, pois elas serão essenciais para as próximas fases do *mindset* de resultado e equilíbrio.

PREPARANDO SUAS IDEIAS PARA SEREM EXECUTADAS

Selecionar ideias é o primeiro passo para fazê-las sair do lugar, mas ainda falta muito para que aconteçam de verdade. A seleção nos dá clareza daquilo que queremos, limpa o terreno e ajuda a ter foco, mas para a ideia acontecer ela precisa ser implementada, e aí começa um grande problema para a maior parte dos profissionais e, também, das empresas. De acordo com Robert Kaplan e David Norton, 90% das estratégias corporativas falham por causa da péssima execução. Não achei nenhum dado sobre a falha de ideias das pessoas, mas sem dúvida podemos transpor esse dado para a vida profissional. A maior parte de nossas ideias morre por não conseguirmos implementá-las de maneira viável. Temos muitas iniciativas e pouquíssimas "acabativas".

Enquanto vivemos em outras células da matriz que não a 4, ficamos tão atordoados por todas as distrações que a vida nos traz que simplesmente não conseguimos dar vazão a nossas ideias.

Não percebemos o correr dos dias, as semanas voam, os meses desaparecem e quando nos damos conta já é ano-novo, momento em que paramos para ter um choque de realidade e analisar tudo o que deixamos de fazer. Surgem, então, as famosas promessas de fim de ano, das quais, como vimos anteriormente, apenas uma em cada dez sai do lugar. É duro, mas sempre podemos fazer uma autoavaliação a fim de perceber a quantidade de coisas que deveríamos realizar, mas simplesmente não conseguimos iniciar nem muito menos terminar.

O que acontece é que o tempo passa e não executamos nada do que devemos executar, continuamos na "Matrix", frustrados e levando a vida sem os resultados e equilíbrio que merecemos.

Quando comecei a pesquisar esse tema, tive a curiosidade de verificar quantas metas tínhamos cadastradas no Neotriad. Eram milhares; o interessante é que menos de 5% delas podem ser concluídas, quando comparadas com metas que são completadas e tiveram um bom nível de planejamento. As razões para que 95% das metas não aconteçam e caiam no esquecimento são as mais diversas, entre as quais falta de um escopo claro, falta de indicadores, ausência de planos de ação, falhas de planejamento e por aí vai. A boa notícia é que esse quadro pode ser alterado: com conhecimento, ajuda, pequenos ajustes e, em alguns casos, uma pequena dose de realidade, podemos entrar nos eixos para uma boa execução.

Infelizmente não fomos treinados para executar nossas ideias, e sim para começar, talvez até correr bastante no início, mas nos cansamos logo depois da saída. O mercado está repleto de profissionais com muita iniciativa, mas pouca capacidade de realização e com certeza você conhece alguém com esse perfil no ambiente de trabalho.

Aprender a executar suas ideias é um desafio no qual a verdadeira ciência da administração do tempo pode ajudar. Falhas de execução têm a ver com a forma como planejamos, a alocação de tempo, a maneira como a tarefa está descrita, sua duração, entre outros fatores que discutiremos adiante. Se quiser aprofundar seus conhecimentos sobre administração do tempo, recomendo a leitura e aplicação do método proposto no livro *A tríade do tempo*.

A seleção e a sua capacidade de execução

No capítulo anterior falamos da importância de saber o que você quer e fizemos um roteiro para selecionar suas ideias. Infelizmente não dá para fazer tudo o que queremos ao mesmo tempo, pelo simples fato de não haver tempo disponível para isso. Os segredos das pessoas que realizam e vivem na célula 4 é o conjunto da sua capacidade de selecionar e executar ideias em determinados períodos de tempo.

Se você me perguntar quantas ideias eu consigo executar ou quantas recomendo que você selecione, não terei uma resposta exata. No livro *A tríade do tempo*, menciono a regra 8-4-2. Entre todas as suas ideias, você deve escolher 8 para realizar durante o ano. Destas, você escolhe 4 para pôr em prática ao longo do mês e, destas 4, 2 por semana, como um funil de execução. Conforme você for concluindo as

8 ideias anuais, pode selecionar outras, mas respeitando esse limite. Essa regra se mostra eficiente para a maioria das pessoas e empresas que a aplicam como processo de definição de prioridades.

O número exato varia muito de pessoa para pessoa, de negócio para negócio. Eu tentei buscar um padrão exato para esse número em nossa base de dados, mas as variáveis de análise são tantas que ficou impossível chegar a uma conclusão até o momento em que escrevo este livro. Não é um dado estatístico, mas percebo que as pessoas são capazes de executar passos de até três ideias na semana, isso com base naquelas que se encontram em processo de *Mentoring* e com níveis de planejamento e produtividade já bem desenvolvidos. Se você quer um bom número para começar, eu diria que entre 1 e 2 ideias seria um excelente início (como na regra citada anteriormente). É melhor começar com menos e fazer do que começar com muito e se frustrar.

Os princípios que fazem as ideias serem executadas

Antes de mais nada é preciso entender que, na verdade, ninguém executa uma ideia da noite para o dia e pronto. Infelizmente, ideias não são executáveis por si sós e isso, para muitas pessoas, é difícil de entender. Existem ideias que são "monoideias", ou seja, são executadas com um único passo. Um dia você pode acordar e ter a ideia de comprar uma bicicleta. Esta é fácil de executar. Você pega o carro, vai até a loja e está concluída a tarefa. Se a vida fosse feita apenas de "monoideias", tudo seria mais fácil. Não teríamos boa parte das pessoas reclamando que a vida é difícil ou que as coisas não acontecem.

Agora, para nossa busca constante de superação, a maior parte das ideias são "multi-ideias", ou seja, aquelas ideias que são executadas a partir de diversos passos que, juntos, concluem o que deve ser feito.

Aqui nascem todos os problemas de execução que costumo presenciar, seja na pequena empresa, na gigante multinacional ou na vida pessoal. As pessoas simplesmente têm dificuldades em estabelecer os próximos passos e assim as ideias não saem do lugar.

Uma coisa que reparei nas pessoas com resultados (células 3 e 4) é que elas têm mais facilidade em "determinar esses próximos passos", elas conseguem ter clareza do que fazer para que a coisa aconteça. Pense nas pessoas que têm resultados que você conhece, repare como elas parecem simplesmente saber o que fazer.

O conceito simples, porém mais importante para a execução das suas ideias, é entender que ideias são conjuntos de tarefas com o mesmo objetivo. Você não executa ideias, você executa as tarefas implícitas nessas ideias! E tarefas são as atividades que compõem o uso do seu tempo no dia a dia!

Aqui tudo se conecta! Saber o que quero, entender como executar aquilo que desejo, evitar o adiamento e incluir isso no meu tempo me transportam para a célula 3 (se eu for com muita sede ao pote e tirar meu equilíbrio do contexto) ou para a célula 4 (se eu aprender a ter uma boa gestão de tempo para executar as ideias).

Quando fiz os testes para este livro, alguns leitores de *A tríade do tempo* me perguntaram: ideias então são metas ou projetos? Metas e projetos, no fundo, são repositórios de tarefas que juntas levam à realização do escopo. O que muda basicamente é a forma de definição (para metas eu recomendo o modelo SMART e para projetos prefiro seguir alguns conceitos do framework do PMBOK) e a finalidade (projetos são para coisas cujas condições de execução são preexistentes e metas são para coisas que implicam um desafio para criar as condições de execução.)

Eu concluiria, então, que ideias estão mais para metas do que para projetos, na maioria dos casos. Aqui vou guiá-lo na elaboração das suas ideias de uma forma bem prática que poderá ser aplicada em qualquer um dos contextos. Se você já é meu leitor, verá total conexão e alguns princípios novos que podem turbinar sua execução. Entenda os princípios e verá que podem ser aplicados em qualquer caso.

Princípio 1 – Esclareça a sua ideia (especifique)

Você selecionou a ideia, sabe o que quer, mas talvez os detalhes não estejam claros. Pode lhe ocorrer a ideia de ter mais tempo livre, mas o que isso significa? Cultivar algum hobby? Ficar em casa vendo filmes? Ficar com a família? Dormir? Praticar esporte?

Clareza é poder. Se você sabe o que quer, tem muito mais chances de realmente executar. A vida lhe dá aquilo que você pede ao seu cérebro. Se você não sabe pedir, seu cérebro não vai saber fazer.

É preciso que você faça este exercício: visualize em detalhes exatamente aquilo que quer e então escreva isso. Caso contrário, vai perder

"JUNTAR DINHEIRO" É IRREAL, É GRANDE DEMAIS, MAS ESSA TAREFA É O PONTO DE PARTIDA PARA CRIARMOS TAREFAS VERDADEIRAMENTE EXECUTÁVEIS.

o foco na execução, por simplesmente ficar definindo caminhos e novas ideias. O ciclo se repete e se torna um elemento de bloqueio.

Você pode lançar mão do mesmo modelo usado na seleção de ideias para detalhar o que quer. Pode literalmente ficar imaginando tudo o que gostaria de fazer, depois revisar e filtrar.

Não se preocupe se não tiver todos os detalhes. Escreva o máximo que conseguir e depois vá refinando com o tempo, com as condições de mercado, com as oportunidades que surgirem.

Princípio 2 – O que faz a ideia acontecer

A maior parte das ideias são "multi-ideias" e não são "autoexecutáveis"; elas dependem de uma série de passos que fazem a coisa acontecer. É neste ponto que a maioria das pessoas costuma ficar travada, sem sair do lugar, porque não sabe o próximo passo para realizar o que tem em mente.

Essa é, sem dúvida, a parte mais difícil de todo o processo de fazer seu resultado aparecer. Desde que comecei a trabalhar com produtividade e consultoria para empresas, observei que aqui é onde a coisa trava. E foi também uma das áreas em que mais precisei errar, observar, aprender e desenvolver técnicas.

Meu último trimestre de cada ano é sempre pesado, pois é geralmente nesse período que as empresas começam a pensar no plano estratégico para o próximo ano e querem ajuda para fazê-lo acontecer. Nesse momento, descobrem que boa parte da estratégia simplesmente não evoluiu, ou que as metas foram alcançadas meio fora do plano ou de forma muito custosa para a qualidade de vida e organização da equipe. Como são empresas de variados portes e segmentos, não dá para se especializar em um ou outro "mercado", mas sim no método para extrair o que deve ser feito. Meu trabalho não é me aprofundar na estratégia, até porque não é minha especialidade, mas ajudar a fazer a estratégia acontecer, ou seja, colaborar na execução da estratégia.

Seja na vida pessoal ou na empresa, o princípio é o mesmo: de nada adianta saber o que você quer ou precisa, se não tiver tarefas que no dia a dia façam a coisa acontecer. A diferença entre a vida pessoal e a empresa está apenas na complexidade, nas tarefas e na quantidade de pessoas envolvidas. Em uma empresa, a ideia será executada por diversas pessoas, a partir de projetos etc. Na vida pessoal, a coisa em geral é mais simples.

O que faz a ideia acontecer é dividi-la em tarefas, muitas tarefas, é listar tudo o que você conseguir pensar como passos para a sua execução. Algumas pessoas conseguem fazer isso com muita facilidade, outras não, e então ficam bloqueadas e a coisa cai no esquecimento.

A melhor forma de pensar nas suas tarefas é como se fosse literalmente uma receita de bolo. Você já leu uma receita de bolo? Tem a lista de ingredientes, o passo a passo, o tempo de preparo etc. É a mesma coisa. Vou tomar como exemplo uma ideia que apareceu constantemente no estudo – "passar em um concurso público" – e dividi-la em tarefas que permitam sua execução (se você tem facilidade nessa etapa, passe para o próximo princípio).

A forma mais fácil de iniciar o desenvolvimento de suas tarefas é questionar "como" fazer a ideia acontecer. Não se preocupe com datas, quantidade ou se é ou não viável no momento, apenas escreva o máximo de tarefas que puder. Como foi uma ideia constante, pedi a duas pessoas que me enviassem as tarefas que achavam necessárias para executar a ideia. Veja o que recebi:

VOLUNTÁRIO 1	VOLUNTÁRIO 2
Matrícula em um cursinho preparatório	Estudar matérias de direito eleitoral
Estudar 30 minutos por dia	Revisar direito processual penal
Pedir ajuda a meu amigo Carlos	Comprar livro de revisão gramatical
Ler sobre Código de Processo Penal	Estudar novas regras gramaticais
	Pedir ajuda a Caio sobre política criminal

O que você acha dessas tarefas? À primeira vista elas parecem bem viáveis, acreditamos que vamos cumpri-las todas e que vamos passar no concurso público dos sonhos. Infelizmente a realidade é bem diferente: essa lista de tarefas está no mínimo incompleta, sem um bom direcionamento para o resultado e faltam muitos itens para que a ideia possa, de fato, acontecer. Depois de algumas semanas executando as tarefas listadas, começa uma preguiça, um distanciamento do resultado e pronto, a pessoa desiste e a ideia vai para o cemitério dos sonhos.

Compare a lista anterior com a relação de tarefas que deu resultado na página seguinte. Eu pedi a Rogério Pinheiro, fundador do Tuctor, sistema de apoio ao estudo para concursos, que enviasse uma listagem de atividades iniciais para quem deseja disputar uma vaga para promotor de justiça. Mestre no assunto, Rogério, que é juiz de trabalho desde 2002, ex-procurador do estado e psicopedagogo, sugeriu, apenas para exemplificar, o resumo das atividades de uma única matéria a ser estudada. É uma "microlista" quando se leva em consideração tudo o que é necessário para passar num concurso para promotor. O número de atividades de um desafio como esse pode facilmente passar de 600, mas o pequeno roteiro a seguir lhe diz exatamente qual é o próximo passo. Ele é bem específico, mensura o tempo previsto, tem clareza do que deve ser feito. Percebeu a diferença? Esse conjunto de tarefas pode de fato transformar a ideia em realidade.

ATIVIDADE	DURAÇÃO
Ler princípios gerais de direito processual penal, do inquérito policial e da ação penal no livro escolhido para estudo	2h30
Ler no Código de Processo Penal os artigos introdutórios e sobre inquérito policial e ação penal	2h
Elaborar um resumo de direito processual penal	1h
Tirar dúvidas com o professor sobre o resumo de processo penal	20min
Procurar na internet mapa mental sobre direito processual penal	1h
Agendar com Marcos e Izabel um grupo de estudos de direito processual	20min
Preparar uma apresentação sobre direito processual penal para o grupo	1h
Fazer uma bateria de exercícios de processo penal sobre princípios, inquérito policial e ação penal	1h

Pense na ideia de falar inglês fluentemente. Muita gente tem essa vontade, mas passa anos em cursos caros e não consegue sair do lugar. Será que apenas assistir às aulas é suficiente para atingir esse resultado? Obviamente que, se quiser mesmo falar inglês, vai precisar de muito mais, como por exemplo comprar um determinado livro em inglês, procurar pessoas nativas para treinar a fluência, ouvir audiobooks no carro etc.

*

Criar tarefas parece fácil, mas não é. Nada anda com apenas duas ou três coisinhas para serem feitas. Pessoas que têm resultados e estão na célula 4 sabem o esforço tremendo que precisam fazer para conquistar seus sonhos. O número de atividades vai variar demais conforme a sua ideia, mas, pelo que pesquisamos em nosso sistema, a maior parte dos projetos ou metas completados inclui pelo menos 30 atividades a serem executadas. Como exemplo, gostaria de compartilhar a lista de atividades que utilizei apenas para escrever o próximo capítulo que vamos ler (sobre o processo de procrastinação):

TAREFA	DATA	DURAÇÃO
Procurar na internet e fazer uma lista de 10 livros sobre procrastinação e mudança	08/09/2009	1h
Mapa mental de ideias sobre procrastinação (causas, hipóteses, soluções, referências etc.)	12/09/2009	2h
Comprar os cinco mais bem avaliados da lista do Kindle	18/09/2018	30 min
Pensar em perguntas para pesquisa de procrastinação	18/09/2009	2h
Revisar perguntas para pesquisa e pedir formatação de pesquisa on-line	19/09/2009	1h
Enviar pesquisa para cinco avaliadores fazerem sugestões	22/09/2009	20 min
Follow-up sobre pesquisa com avaliadores	12/10/2009	15 min

Revisar sugestões da pesquisa e reprogramar	02/10/2009	2h
Follow-up sobre pesquisa com equipe	12/10/2009	15 min
Pedir validação e simulação da base da pesquisa e resultado estatístico	22/10/2009	2h
Analisar relatório de teste da pesquisa	09/11/2009	1h
Testar pesquisa final e enviar grupo inicial de testes	12/11/2009	2h
Solicitar relatório da pesquisa sobre procrastinação do grupo inicial	27/11/2009	15 min
Divulgar pesquisa no TriadNews	11/12/2009	20 min
Selecionar cinco editores (três revistas, dois portais) para solicitar parceria na divulgação da pesquisa	20/01/2010	30 min
Atualizar Farol: Finalizada leitura de três livros da lista?	20/01/2010	15 min
Solicitar relatório inicial da pesquisa (> de 300 respostas)	22/02/2010	1h
Escrever hipóteses sobre procrastinação × soluções × razões	28/02/2010	2h
Divulgar pesquisa no Twitter e no Facebook	10/05/2010	15 min
Pesquisar sobre modelo de grupo de testes	15/07/2010	1h
Criar projeto de Pesquisa Grupo Procrastinação no Neotriad	09/08/2010	1h
Atualizar Farol: finalizada leitura dos cinco livros da lista?	10/09/2010	15 min
Divulgar pesquisa no Twitter e no Facebook	10/09/2010	15 min
Procurar formas de contato com Dra. Carol em Stanford	13/10/2010	30 min
Replanejar capítulo sobre procrastinação	14/10/2010	30 min

Postar vaga para pesquisadora na Faculdade de Psicologia de Santos	07/11/2010	20 min
Desenvolver método de pesquisa para grupo de estudo sobre procrastinação	25/11/2010	2h

Repare que esse capítulo era um projeto totalmente abstrato, eu sabia o que queria (desenvolver um modelo eficiente para lidar com a procrastinação), mas não tinha muitas ideias de como chegar a esse ponto. Eu sabia que tinha de checar as referências, fazer uma pesquisa e chegar a algumas conclusões. O que aconteceu é que, no meio da pesquisa, eu tinha mais perguntas do que respostas. Repare que eu pulo meses entre algumas tarefas. Eu chamo esse tempo de "procrastinação criativa", fazendo uma referência ao ócio criativo de Domenico de Masi, simplesmente porque não sabia direito o que fazer e precisava pensar, ler, desenvolver novas ideias, criar uma estratégia.

Coloquei as datas também porque esse é um plano pronto. No começo, anoto apenas as tarefas e a duração e deixo as datas para planejar ao longo da semana, assim fica bem flexível e, se eu quiser alterar as datas ou simplesmente dar um tempo, eu tenho escolha.

No meio do caminho desse capítulo, surgiu a ideia de fazer uma pesquisa com pessoas e testar realmente o que dava certo e o que não dava. Eu não sabia direito como fazer e tive que desenvolver um método, com mais um montão de atividades. Quanto menos sei o que fazer, mais atividades sei que preciso ter, entendeu?

O exemplo acima é interessante porque foi a parte mais complicada do livro; a lista é apenas do capítulo, o livro todo contou com 212 tarefas. Tive a oportunidade de ver algumas "listas" de pessoas na célula 4 e constatei que elas realmente fazem a pessoa ter claro o próximo passo.

Percebe como fica mais fácil executar quando você sabe o passo a passo? Claro que no começo é complicado você sair do lugar, você saber o que deve ser feito primeiro. Esse brainstorming de ações facilita a execução e torna o processo mais suave. Claro que isso não é uma lista gravada em uma pedra, que não vai sofrer mudanças ou alterações, muito pelo contrário, ela vai mudar bastante ao longo do processo, mas sem ela você simplesmente não faz nada.

Princípio 3 – Tarefas contempláveis e executáveis

Eu estava com um executivo de uma empresa quando tive um insight sobre um problema relacionado às tarefas. Ele precisava passar mais tempo com a família e incluiu na agenda a tarefa "passar mais tempo com a família". Quando fui checar a agenda dele, perguntei se ele havia cumprido a tarefa, pois estava riscada. Ele disse que não, o dia estava "muito pesado", mas era bom que continuasse ali para ele lembrar.

O problema com relação às tarefas é que elas podem ser classificadas em dois tipos:

→ **Tarefas contempláveis:** são aquelas tarefas vagas e amplas que, mesmo sabendo o que significam, tendemos a contemplar, em vez de as executarmos de fato.

→ **Tarefas executáveis:** são aquelas tarefas bem específicas, de curta duração, que de fato podem ser executadas e que nos permitem ver a ação.

Depois desse dia, comecei a reparar em como as pessoas e as empresas criam tarefas contempláveis em vez de executáveis em suas listas. Nós pensamos "macro" demais, mas o que executamos é apenas "micro".

Imagine que você quer comprar uma casa própria, mas ainda não tem todo o dinheiro para realizar essa ideia. A tarefa mais comum que as pessoas incluem para execução é "juntar dinheiro". Imagine que você colocou na sua próxima segunda-feira a tarefa "juntar dinheiro" no meio de todas as outras coisas que você tem para fazer. O que vai acontecer no fim do dia? Nada! Você consegue se imaginar "juntando dinheiro"? Eu posso imaginar o Tio Patinhas refestelando-se em suas moedas de ouro naquela piscina em que ele costumava nadar. Juntar dinheiro é o exemplo mais comum de tarefa contemplativa, que não vai sair do lugar.

"Juntar dinheiro" é irreal, é grande demais, mas essa tarefa é o ponto de partida para criarmos tarefas verdadeiramente executáveis. O que você precisa para juntar dinheiro? Primeiro abrir uma conta corrente, depois depositar uma quantia estipulada todo dia 5 do mês e, por último, escolher uma aplicação financeira para o dinheiro guardado. Reparou? Juntar dinheiro se transformou em três tarefas executáveis de fato (na verdade, se "depositar" for repetida todo mês, serão diversas tarefas).

O maior segredo para saber se a tarefa é ou não executável é reparar na sua duração. Se a coisa que deve ser feita não puder ser realizada em menos de três horas (existe um estudo em nossa base de dados para chegar a esse número), provavelmente a tarefa é contemplável, é grande demais e talvez você não consiga realizá-la.

Muita gente me questiona sobre as tarefas de 40 horas, 200 horas e por aí vai. Essas tarefas na verdade agrupam outras de menor duração, que muitas vezes não estão claras, mas estão lá, pode ter certeza. Quanto mais você dividir, mais controle terá e mais fácil será identificar onde a coisa emperrou.

Faça uma revisão na sua lista e veja o que é realmente executável e o que precisa ser mudado. Não se iluda: enquanto você fica contemplando, outro está executando!

Guarde e monitore suas ideias

Se fizer tudo direitinho, você terá uma ou duas ideias que foram selecionadas e uma lista de atividades desenvolvida. Para a coisa realmente andar, é preciso ter essas ideias perto de você o tempo todo em todo lugar. Se ficarem longe, você entra na correria do dia a dia e vai se esquecendo delas. Além disso, essas tarefas precisam ser planejadas em conjunto com sua semana.

Outra coisa que notei frequentemente nas pessoas que estão na célula 4 é a sua constância no monitoramento das tarefas. Na pesquisa feita para este livro, apenas 49% das pessoas afirmaram que revisam constantemente suas metas. Olhe que coisa incongruente: elas param para pensar naquilo que querem, algumas até criam sua lista de ações e depois simplesmente largam. Gastam tempo à toa, na esperança de que, por mágica, as tarefas sejam feitas.

Esse era um ponto que faltava em algumas das minhas ideias: uma tarefa de revisão. Quando me toquei desse fato, criei um projeto no Neotriad chamado "Follow-up de Metas", com tarefas quinzenais, mensais ou bimestrais extraídas das metas que eu tenho para o ano. Isso me ajudou demais. Essa tarefa de 20 minutos – "Revisar e Atualizar Meta X" –, quando aparecia, me fazia voltar à meta, revisar a especificação e o plano, e atualizava meu "farol".

O conceito de "farol" veio de algumas empresas em que trabalhei, que tinham implementado o Balanced Scorecard (um modelo de gestão desenvolvido por David Norton e Robert Kaplan que estimula o desenvolvimento de metas em áreas estratégicas). Muitas dessas empresas possuíam sistemas de gerenciamento com indicadores gráficos para que a equipe pudesse acompanhar a evolução das metas.

Eu criei um "farol" para cada ideia, para que pudesse acompanhar minha evolução só batendo o olho, algo que pudesse ver com mais constância e me lembrasse sempre de aonde queria chegar. Implementamos esse recurso inclusive no Neotriad.

Imagine que você quer emagrecer até chegar a 70kg. Você poderia criar seu "farol" da seguinte forma: no vermelho, o peso atual; no amarelo, um indicador mediano que mostra uma evolução; e no verde, seus 70kg. O conceito é ter uma tarefa repetida para constantemente atualizar esse farol, que, além de dizer onde você está, o coloca em contato com seu plano novamente. Quanto mais isso aparecer em seu tempo, mais foco e chances de você realizar. Quanto menos isso aparecer em seu dia a dia, mais você vai largando até desistir por completo.

IDEIA: Emagrecer com saúde e obter o peso de 70 kg.

	TAREFA (lista parcial)	TEMPO	DATA
70 kg	Agendar um endocrinologista	10 min	
	Agendar um nutricionista	10 min	
75 kg	Fazer matrícula na academia Ergos	15 min	
	Comprar ingredientes para lanches	40 min	
80 kg	Preparar lanches da manhã/tarde	2h	

Espero ter ajudado a esclarecer seus conceitos sobre o que é uma ideia que pode realmente sair do lugar. Agora você tem a ideia selecionada, a lista de tarefas executáveis, tarefas de follow-up (revisão) recorrentes e um farol gráfico. Mas isso ainda não é o suficiente para a coisa acontecer. Muita gente tem a lista, sabe o próximo passo, mas simplesmente não faz. Olha para a tarefa e não começa, deixa-a de lado em função de outras coisas. Mas esse é um assunto que vou deixar para o próximo capítulo.

O MAIOR
SEGREDO PARA
SABER SE
A TAREFA É
OU NÃO É
EXECUTÁVEL É
REPARAR NA
SUA DURAÇÃO.

POR QUE AS IDEIAS NÃO SAEM DO LUGAR?

Quando comecei a pensar na ideia deste livro, a pergunta central que eu queria responder era basicamente: "Por que as pessoas não fazem o que deveriam fazer?" Isso sempre me intrigou em vários aspectos do meu trabalho com produtividade. Com certeza você já deve ter notado ao seu redor, ou na sua própria vida, a quantidade de pessoas que não fazem aquilo que deveriam fazer, que ficam adiando as coisas até a última hora, que desde pequenas não conseguem realizar certas atividades diárias nem seus sonhos. É triste ver quanta gente deixa a vida para depois, não é verdade?

A palavra para quem adia suas tarefas é "procrastinação". A primeira vez que você ouve essa palavra, soa realmente esquisito, mas ela tem se tornado bastante conhecida da população. A palavra procrastinação vem do latim procrastinatus, que é a junção de pro (encaminhar) e crastinus (amanhã), mas seu sentido já aparecia no Antigo Egito, em Roma, na Grécia. De acordo com o dicionário Oxford, ela consta do léxico desde 1548! Ou seja, a procrastinação é algo milenar, e não uma consequência do mundo moderno, cheio de tecnologia da internet! Claro que em 1548 não havia Facebook para ficar espiando o mural das pessoas, mas com certeza existia algo gostoso para se fazer ao ar livre.

Uma das etapas do desenvolvimento deste livro foi a realização de uma pesquisa via internet sobre procrastinação. Até o momento em que o escrevia, 3.102 pessoas de 22 estados brasileiros, com idade média de 31 anos, haviam respondido ao questionário. Desse total, 57% homens, 43% mulheres, 89% em atividade economicamente ativa. Sem dúvida, um número bem representativo e que permite traçar um perfil da forma como procrastinamos no dia a dia. A mesma pesquisa foi realizada em outros países com dados extremamente semelhantes aos brasileiros.

É muito comum ouvir que o Brasil é o país da última hora, que somos culturalmente procrastinadores, e por aí vai. Não é uma inverdade, realmente somos um país que gosta de deixar as coisas para o prazo final, mas isso não é exclusividade nossa, outros países têm o mesmo perfil. Até porque esse problema é intrínseco à humanidade. O dr. Joseph Ferrari, professor da DePaul University, de Chicago, especializado no estudo da procrastinação, afirma que "todo mundo procrastina, mas nem todos são procrastinadores". O seu estudo apontou que 20% das pessoas são procrastinadoras crônicas e as restantes, eventuais.

É importante entender essa diferença, pois a procrastinação acontece na vida de todo mundo. Sem exceção. Nós procrastinamos ao acordar, quando apertamos o botão *Snooze* (soneca) do despertador, quando ficamos com preguiça de lavar a louça, quando comemos "porcarias", pois adiamos a ida ao mercado, quando deixamos aquele e-mail chato para responder depois, quando largamos na prateleira aquele livro que compramos, mas ainda não conseguimos ler. Há quem fique enrolando até para ir ao banheiro! Se você nunca fez nada disso, ótimo, mas você é realmente esquisito!

Todo mundo procrastina, pelo menos uma vez na vida, é da nossa natureza, ninguém é robô, programado para fazer tudo na hora certa. A pesquisa mostrou isso. À pergunta "Você procrastina atividades ao longo de sua rotina?", 98,2% das pessoas afirmaram que sim e 1,8% mentiu para si próprio, pois, como vimos, é impossível não procrastinar em algum momento da vida.

Não existe um tipo específico de atividade que procrastinamos, somos propensos a deixar quase tudo para depois, mas eu diria que as coisas pessoais acabam sendo as que mais adiamos. Talvez porque na vida pessoal, em alguns casos, ninguém fique cobrando que você leia determinado livro, ou que organize seu armário etc. No trabalho, você tem chefe, colegas e clientes que esperam o resultado de sua produção e ficam no seu pé. De acordo com a pesquisa, 26% das pessoas afirmam que costumam adiar coisas pessoais, apenas 13% falam de coisas profissionais e 61% afirmam que postergam ambos os tipos.

Não há nada de errado em procrastinar de vez em quando, o problema é quando isso começa a ficar crônico e passamos a adiar frequentemente coisas que não poderiam ser adiadas. Há pessoas que adiam viver com qualidade, adiam sua saúde, seus relacionamentos, seus sonhos e ideias. Alguns pesquisadores dizem que a procrastinação chega a custar às empresas americanas até 10 mil dólares anuais por funcionário (Rory Vaden). O custo pode existir, é claro, mas obviamente deve ser monitorado. O importante é entender que nem sempre esse é um comportamento negativo.

Na pesquisa perguntei o que as pessoas costumam protelar. Veja os resultados:

O que você adiou nos últimos meses da sua vida?
Escolha as alternativas que correspondem à sua realidade.

Academia/exercício físico	67,3%
Leituras	63,4%
Saúde	52,7%
Planejamento financeiro	46,7%
Mudanças pessoais	44,6%
Escola de idiomas	44,3%
Cursos / faculdade / pós / MBA / etc.	38,4%
Amigos	33,6%
Viagem pessoal	25,9%
Relacionamento	24,4%
Férias	22,9%
Mudança de emprego	19,0%
Comprar (ou mudar de) apartamento	14,6%
Casamento	6,3%

Repare nas quatro coisas que as pessoas mais adiam: exercício físico, leitura, saúde e planejamento financeiro. Duas coisas que proporcionam equilíbrio e duas que trazem resultado, mas que juntas afetam ambas as áreas e afastam você do caminho da célula 4.

Adiar não é o pior dos mundos, não fique se culpando por isso. O problema é que adiar de forma constante, crônica, acaba tornando as pessoas infelizes, improdutivas, com a sensação de que estão perdendo algo. A pessoa fica com baixa autoestima e insegurança. Alguns estudos chegam a indicar que procrastinadores são indivíduos mais propensos à depressão. Procrastinar de vez em quando não mata ninguém, mas fazê-lo a toda hora pode literalmente atrasar uma vida com resultados e equilíbrio.

Por que as pessoas não fazem o que deveriam fazer?

Você deve conhecer muitas pessoas que sabem o que precisam fazer, mas não conseguem dar o próximo passo, pois simplesmente ficam adiando, esperando o momento ideal, e nunca nada acontece. Esse fator é extremamente desafiador e pode derrubar até as pessoas mais focadas. A pesquisa foi de extrema valia para mapear e nos ajudar a entender os principais fatores que estão por trás de tudo o que nos leva a procrastinar.

Veja qual deles pode estar pegando você e impedindo suas ideias de saírem do lugar; mais adiante entenderemos como lidar com estes fatores.

1. Falta de tempo

A desculpa número um para as pessoas não fazerem o que deve ser feito é sem dúvida aquela velha frase "não deu tempo" ou "não tenho tempo". Eu dedico minha vida a combater a falta de tempo e improdutividade de pessoas e empresas e posso afirmar que, em muitos casos, o problema não é falta de tempo, e sim o uso inadequado do tempo com coisas desnecessárias, sem importância e que não ajudam suas ideias a sair do lugar.

Na pesquisa, somando as pessoas que reclamam da falta de tempo, que costumam "multitarefar" (e acabam perdendo tempo com isso) ou que só conseguem fazer aquilo que é urgente, temos quase 85% dos participantes. Tempo é sempre pano de fundo para boa parte das pessoas que adiam suas atividades, e para algumas de fato é um problema.

Em alguns casos, eu gosto de pensar de outra forma: quem quer faz, não arruma desculpa de tempo. Lembra-se de quando você estava apaixonado? No auge das emoções? Lembra que praticamente nada podia afastá-lo do propósito de se encontrar com a pessoa especial? Que você dava um jeito de fazer tudo por ela? De gastar um tempão procurando aquele presente único? Aí você casa, o tempo passa e você não tem mais tempo de comprar pão e queijo na padaria. Vida cruel ou deixamos a procrastinação nos dominar e nem percebemos?

Seja um problema de falta de tempo ou de não saber como administrá-lo, você precisa aprender um método e usar ferramentas para conseguir sair desse ciclo. No livro *A tríade do Tempo* exponho em detalhes uma metodologia, aplicada por milhares de pessoas ao redor do mundo, que pode realmente fazer a diferença em seu dia a dia.

2. Cérebro não treinado

Existem diversos fatores que levam as pessoas a procrastinar. O primeiro que quero discutir é o fator fisiológico. Começando pelo cérebro, pesquisas sobre a origem da procrastinação geralmente apontam o córtex pré-frontal como a região responsável por esse fator, isto porque a procrastinação está relacionada à impulsividade, ao fato de abdicar de uma coisa em função de outra. Como mencionado antes, o córtex pré-frontal é responsável pelo controle do impulso, pela atenção e atua como um filtro para diminuir outros estímulos que possam atrapalhar essa função. Isto se assemelha ao papel do lóbulo pré-frontal no transtorno do déficit de atenção.

Quando você tem baixa ativação ou algum dano no córtex pré-frontal, pode aumentar seu nível de procrastinação, perda de atenção e desorganização. Na pesquisa, 61% dos entrevistados afirmaram que costumam procrastinar atividades porque se perdem na internet com e-mails, redes sociais, blogs etc. e 41% afirmam que procrastinam porque acabam fazendo uma série de tarefas simultaneamente e não conseguem manter o foco. A gente se atrapalha e nem repara que essas pequenas distrações, fruto de um córtex pré-frontal não treinado, acabam tomando muito do nosso tempo. Comece a reparar nas pequenas distrações do dia a dia e veja quanto de execução perde com isso. Quando algo assim voltar a acontecer, reforce sua atitude mental de tirar a distração do seu caminho.

3. Falta de energia

A pesquisa mostra que 56% dos entrevistados afirmam não ter energia suficiente para fazer suas atividades. Provavelmente são pessoas que estão improdutivas e que vivem cansadas, sem disposição, sem vontade de fazer nada. Como vimos anteriormente, energia é o combustível da vida, aquilo que lhe dá a disposição necessária para enfrentar os desafios e as experiências que a vida reserva para você. Repare em como têm sido as suas últimas semanas. Quando você sai do trabalho enfrenta o trânsito até sua casa e, ao chegar lá, está tão consumido por essa rotina estafante que simplesmente não tem pique para ler um livro, conversar com a família, praticar um esporte, fazer um curso, nada. Quer apenas tomar um banho, jantar e dormir, para recomeçar tudo no dia seguinte.

A energia pessoal é gerada por diversos fatores que incluem alimentação, saúde, qualidade do sono, qualidade dos relacionamentos, fé, entre outras coisas. É um conjunto de fatores físicos, mentais, emocionais e espirituais que, juntos, constituem uma fonte de energia, porém, quando negligenciados, acabam por formar um dreno por onde se escoa toda a vitalidade. Sem energia, você olha para suas tarefas, até sabe o que fazer, mas não consegue a força de vontade e a disposição necessárias para sair do sofá e fazer a coisa acontecer.

4. Medos

Todos nós temos medo de alguma coisa, é impossível não tê-lo. O problema é que, para muitas pessoas, o medo, em vez de um propulsor, de uma necessidade de planejamento, de preparação, torna-se um potente paralisador.

O medo tem três caminhos possíveis na procrastinação. O primeiro é o medo do fracasso: as pessoas deixam de fazer determinada atividade porque têm medo de falhar, de ser julgadas, de não dar certo. O risco de terem algum tipo de prejuízo não lhes permite avançar e seu medo simplesmente bloqueia sua execução.

O segundo tipo de medo a que estamos sujeitos é o medo do desconhecido, daquilo que não sabemos, das possibilidades que nunca vivemos. Eu entrevistei uma pessoa que não conseguia falar inglês fluente porque morria de medo de ser transferida para a filial da empresa em algum outro país e não sabia como seria a vida por lá.

O terceiro medo é o mais difícil de ser identificado, ele é sutil, mas tão poderoso quanto os outros dois, e às vezes até mais. O medo do

SERÁ QUE VOCÊ NÃO ESTÁ SE AUTOSSABOTANDO SEM PERCEBER?

sucesso é um fator subjetivo da procrastinação. Quando a pessoa vê que a atividade realizada deu certo, ela fica com medo desse sucesso, do trabalho extra que isso poderá acarretar, das consequências em termos de segurança, das pessoas interesseiras que podem aparecer, das viagens que ela terá de fazer ou de qualquer outra coisa que possa vir a reboque do seu sucesso pessoal. Parece surpreendente, mas o medo de dar certo é mais comum do que a gente imagina.

Esses medos estão presentes em nossa vida em alguns momentos de forma mais intensa que em outros, mas possuem um alto poder paralisante e até destrutivo em alguns casos.

5. Falta de relevância

Quando não sabemos o verdadeiro objetivo daquilo que vamos fazer, quando não temos noção da importância da atividade que vamos realizar e de que forma ela nos trará resultado, perdemos a relevância e, por consequência, o interesse na sua execução.

Imagine que seu chefe o incumbe de fazer um relatório daqueles bem chatos e estipula um prazo razoável para você cumprir a tarefa. Se, diante do pedido, você pensar coisas como "Ele nem vai ler esse relatório", "Isto aqui não vai servir para nada", "Não sou eu quem deveria estar fazendo isso" e coisas do tipo, é óbvio que não vai ter a mínima vontade de fazer esse relatório e vai procrastinar o máximo possível. Vamos supor que, ao lhe passar a incumbência, ele falasse algo do tipo "Esse relatório é importante, porque nosso diretor comercial e nosso presidente vão usar esses dados como base para tomar a decisão sobre a nossa estratégia do próximo ano" ou qualquer outra coisa que conferisse à tarefa um alto nível de importância. Qual seria o seu pensamento nesse caso? Provavelmente teria um alto nível de relevância e você encontraria uma série de motivos para priorizar esse serviço.

A vida é assim: quando há um porquê, a gente faz, mas, quando a relevância da tarefa não está clara ou simplesmente parece não existir, a gente enrola. Já parou para pensar no motivo pelo qual você vai à academia? Ou por que vai ao curso de inglês? Ou por que tem de comer mais salada?

6. Autossabotagem

Pessoas que não acreditam em si próprias e assumem um papel de "vítimas das circunstâncias" ou de "desfavorecidas da sorte" acabam inconscientemente sempre se colocando para baixo e puxam os freios da execução. Elas sabotam sua capacidade de executar com pensamentos derrotistas e comparações com terceiros, lotam a mente de possíveis problemas e não deixam espaço para as possíveis soluções.

Meu professor de tênis me disse certa vez que, na maior parte dos casos, o tenista não perde o campeonato por falta de técnica, mas porque não consegue controlar os próprios pensamentos sabotadores quando perde um ponto. Ele começa a pensar: "Putz! Errei, ele é melhor do que eu, o próximo saque com certeza será pior e vou perder o jogo, mas pelo menos tentei." É muito diferente de "Errei este, mas o próximo eu vou pontuar, ainda tem muito jogo pela frente". Esse modo de pensar faz a diferença no meu jogo e muitas vezes supera a minha falta de técnica.

Será que você não está se autossabotando sem perceber? Será que não está deixando os pensamentos sabotadores destruírem toda a sua vontade de executar? Comece a escutar essas "vozes internas" para descobrir a resposta.

7. Preguiça

O último dos fatores que gostaria de comentar é a óbvia e simples preguiça, esse mal que afeta nosso corpo quando apertamos o botão "soneca" no momento em que o despertador toca às 6h da manhã e precisamos sair no frio ou na chuva para trabalhar na segunda-feira. Já aconteceu isso com você? Isso é a preguiça, um dos sete pecados capitais mencionados por Santo Tomás de Aquino.

Como estava com preguiça, pincei da Wikipédia uma boa definição para o tema em questão:

"A preguiça pode ser interpretada como aversão ao trabalho, bem como negligência, morosidade e lentidão. O preguiçoso, conforme o senso comum, é aquele indivíduo avesso a atividades que mobilizem esforço físico ou mental. De modo que lhe é conveniente direcionar a sua vida a fins que não envolvam maiores esforços."

A preguiça é natural no ser humano. Tudo bem se for uma vez ou outra; o problema é quando isso se torna crônico ou quando faz você procrastinar. A preguiça mina sua vontade, sua capacidade de agir, instiga seus medos, sua autossabotagem, consome sua energia, seu tempo e ainda abarrota seu cérebro com um monte de interrupções.

Por isso deixei-a por último, pois ela pode ser vista como a convergência ou como o catalisador dos outros fatores de procrastinação. Seria então correto dizer que a preguiça mata. Ela mata sua carreira, seus sonhos, suas tarefas importantes, sua saúde física e por aí vai.

Uma frase que sempre me incentivou a vencer minha preguiça é: "Enquanto alguns estão tomando cerveja e comendo hambúrgueres, um nerd está diante do computador fazendo seu próximo milhão." Dizem que essa frase é do Bill Gates (talvez seja do Steve Jobs, mas prefiro acreditar que é do Bill Gates); não sei de quem é, mas é motivadora. Na escola, eu tive uma amiga chamada Midori, que sempre tirava 10 em quase tudo. Meu amigo Márcio, quando estávamos na casa dele tentando estudar, dizia: "Enquanto a gente está com preguiça de estudar, a Midori já deve ter terminado e vai tirar seu 10." Também funcionava.

O mundo está cheio de preguiçosos, de pessoas que procuram o caminho do menor esforço, embora nem sempre isso seja possível, ou simplesmente deixam para lá. Ainda bem que é assim. Já pensou, se não houvesse preguiçosos no mundo, no trabalho que isso ia dar? Preguiça todo mundo tem; no meu caso ela anda controlada, e no seu?

*

Entender os fatores que impedem suas ideias de saírem do lugar é muito importante para conseguir controlar a procrastinação. Pense nos fatores que afetam a execução de sua ideia, faça uma autoanálise sobre como eles se manifestam no momento em que você procrastina e questione-se sobre o que pode fazer para mudar esse padrão. Talvez você se impressione com as respostas que o seu cérebro é capaz de lhe dar.

Que tipo de tarefas as pessoas costumam procrastinar?

Agora que entendemos os fatores que levam à procrastinação, vamos examinar o tipo de tarefas que costumamos adiar. Os fatores mencionados, bem como o tipo de atividade, formam a combinação infalível que o impede de sair do lugar.

Identificar essas tarefas é importante na hora de executar nossas ideias, pois quando percebemos esses possíveis "gatilhos" de tarefas que nos levam a adiar podemos desenvolver outras estratégias.

Veja a seguir o tipo de atividades que as pessoas mais costumam procrastinar:

Escolha o grupo de tarefas que costuma adiar (selecione todas as opções que se aplicarem a você)

Tarefa	Percentual
Tarefas chatas	88,8%
Tarefas muito longas	49,3%
Tarefas que me deixam desconfortável ou com medo	49,3%
Tarefas que podem gerar conflitos/ brigas / discussões	41,2%
Tarefas complexas ou difíceis	39,8%
Tarefas que desconheço como fazer	38,3%
Metas pessoais desafiadoras	35,2%
Tarefas enviadas por uma determinada pessoa / cliente	19,6%
Tarefas que podem trazer benefícios	14,4%

Sem dúvida, o item "tarefas chatas que não gosto de fazer" lidera o ranking com praticamente 89% de indicação pelos pesquisados. Infelizmente na vida nem sempre teremos apenas coisas interessantes para fazer, é preciso aceitar isso. O problema é quando tudo começa a parecer chato. Aí a coisa fica mais complexa, provavelmente está faltando sentido no dia a dia da pessoa ou simplesmente ela está na posição, na empresa, no relacionamento ou na carreira errada.

O segundo lugar traz um empate técnico entre tarefas de longa duração – que descobrimos, inclusive com dados estatísticos em nossa base, que são as grandes vilãs da procrastinação na execução diária – e aquelas que deixam as pessoas desconfortáveis (medo).

O que me chama a atenção é o índice de 14% das pessoas que adiam coisas que poderiam lhes trazer benefícios. Isso tem ligação direta com os fatores de autossabotagem e medo do sucesso. Algumas pessoas acreditam que não são dignas de receber uma promoção, um modo de vida mais prazeroso, um prêmio ou até mesmo um elogio. Provavelmente, crenças na sua história de vida, traumas ou âncoras negativas – estabelecidos em algum momento no seu passado – bloqueiam-na quando o positivo está próximo. Uma entrevistada, de 39 anos, comentou que sempre adiou um relacionamento sério em sua vida; nenhum namoro durou mais que dois anos. Eu perguntei por que isso acontecia. Em todos os contatos que tivemos, ela dizia "Não achei o cara certo", "Quero alguém que não comprometa o que conquistei", "Pessoas na faixa etária que procuro têm sempre algum problema". As explicações eram as mais diversas, mas nenhuma delas parecia ser o motivo real.

A última vez que nos vimos, mencionei o Dia do Pai. Ela foi logo dizendo que não tinha pai, e completou: "Ele abandonou minha mãe quando eu tinha três anos. Homens fazem isso." Naquele momento percebi que essa questão mal resolvida afetava sua capacidade de manter um relacionamento sério, pois o medo de ser abandonada – tal como seu pai fizera a sua mãe – era muito forte.

*

O adiamento de metas pessoais desafiadoras é citado por 35,2% dos entrevistados. Há pessoas que nem tentam fazer algo diferente, simplesmente abandonam o barco antes mesmo que ele entre na água. Esse tipo de adiamento não é só de atividades, mas também da vida, é algo que nos impede de progredir e sair do lugar na carreira, na vida, nas finanças e em nossos relacionamentos. É realmente preciso parar e refletir sobre essas constatações. Será que sua vida está assim? Quando será o momento de sair desse lugar-comum? Será que algo no seu passado está prejudicando o seu presente?

ENTENDER OS FATORES QUE IMPEDEM SUAS IDEIAS DE SAÍREM DO LUGAR É MUITO IMPORTANTE PARA CONSEGUIR CONTROLAR A PROCRASTINAÇÃO.

Como vencer a procrastinação e fazer as ideias saírem do lugar

Agora que sabemos os motivos que nos levam a adiar nossas ideias, vamos traçar uma estratégia para combater essa procrastinação. Eu digo combater, pois não será fácil, é uma guerra que temos de travar com nós mesmos.

Em alguns casos recomendo que você procure um psicólogo, um mentor ou um coach que o ajude a identificar os reais motivos de sua procrastinação e a estabelecer uma nova estratégia. Há problemas que necessitam de ajuda externa para serem resolvidos; se tentarmos apenas por nós mesmos, não vamos sair do lugar.

É importante ressaltar que não existe uma forma de eliminar a procrastinação da sua vida. Ela vai acontecer de qualquer forma, mas é importante diferenciar a "procrastinação aceitável" da "procrastinação prejudicial".

Procrastinação prejudicial

Procrastinação prejudicial é quando o adiamento das atividades afeta diretamente o seu equilíbrio e resultado, ou seja, quando o mantém em outras células que não a célula 4. Vamos supor que você tenha que falar inglês fluentemente para conseguir uma promoção na empresa onde trabalha, mas fica adiando ler o livro em inglês que continua na estante, estudar no computador o CD que você comprou e nunca usou. Sempre surge algo que não o deixa fazer a atividade. O tempo passa e alguns meses depois você já começou até a esquecer aquelas palavras que sabia. Você começa a achar que nunca vai falar inglês fluentemente e sua mente passa a gerar novas ideias para compensar a sensação de fracasso que essa causou.

É bem provável que nesse caso exista uma combinação de fatores que levam você a procrastinar, provavelmente falta de tempo, com certeza autosabotagem e talvez preguiça. Um fator puxa outro e isso leva a procrastinar algo que você tem certeza de que traria um grande resultado, e ainda lota seu tempo com coisas que afastam você dessa ideia e do seu equilíbrio. Falar inglês fluentemente acabou de se tornar chato, estressante e cansativo.

A procrastinação prejudicial vai adiando a tarefa até que ela seja cancelada, excluída ou simplesmente esquecida no meio do conformismo. Deu para perceber isso até na base de dados do Neotriad:

quando a tarefa é procrastinada por mais de cinco vezes, em 67% dos casos ela é cancelada ou apagada do sistema. É aquela coisa de você ficar olhando todo dia na agenda algo como "estudar livro de inglês" e já com a certeza de que não vai ser hoje. No dia seguinte, a mesma coisa acontece, até que chega um dia em que você simplesmente se conforma e deixa a ideia para lá. Essa é a procrastinação que prejudicou totalmente a sua entrada na célula 4 da matriz, pois ela poderá afetar outras atividades também.

Procrastinação aceitável

Procrastinação aceitável é quando o adiamento da atividade é apenas uma necessidade de replanejamento, adequação de execução, aproveitamento de um momento de maior energia ou ambiente propício. Aceitável é quando o adiamento não impede a sua evolução na direção do equilíbrio e resultado.

Vamos supor que você tenha escolhido uma ideia de "ter mais saúde física" e para isso se propôs "fazer uma caminhada matinal de três quilômetros, três vezes por semana". Um belo dia você acorda cedo para sua caminhada, mas repara que está caindo uma chuva torrencial e, a não ser que sua disposição de se molhar esteja bem atiçada, vai preferir deixar essa caminhada para o dia seguinte. Algum problema nisso? Nenhum, se no outro dia você realmente for caminhar! Você simplesmente remarcou o dia de execução devido às condições externas que você não pode controlar. Isso não vai impedi-lo de pôr em prática a ideia de "ter mais saúde física". Agora, se você arranjar uma desculpa para deixar de ir a maior parte dos dias no mês, aí você entrou na procrastinação prejudicial.

Não há nada de errado em mudar a data de "preparar relatório complexo" de hoje para daqui a dois dias, se hoje as urgências apertaram, pois você tem tempo suficiente para entregar mesmo com o adiamento e tem certeza de que não vai ficar no sufoco. Isto é replanejar. É aceitável ser flexível. Ter poder de escolha é algo natural e recomendado em alguns casos.

*

Deu para entender a diferença? É impossível não procrastinar, mas temos de ter a consciência do tipo de procrastinação que estamos realizando e até que ponto ela nos ajuda ou atrapalha. A procrastinação aceitável ajuda, não frustra, você tem certeza de que, mais cedo ou mais tarde, a coisa vai acontecer.

O problema é que muita gente tem uma necessidade maluca de controle. As pessoas querem controlar tudo e todos, acham que nada pode dar errado e, quando dá, se estressam com isso. Tem gente que vai viajar, faz um roteiro e, mesmo que não esteja a fim, segue aquilo à risca, pois foi o planejado. Muitas pessoas confundem planejamento com aprisionamento. Planejar é dar a si mesmo a opção de escolher, de mudar, de ser flexível consigo mesmo. O que não dá para admitir é querer controlar o incontrolável. Isso só estressa a pessoa, suga sua energia, e, quando percebe, ela já está na procrastinação prejudicial.

Como vencer a procrastinação prejudicial?

Dependendo da origem da sua procrastinação, podemos ter soluções específicas e bem diferentes, mas percebi que, apesar de ser possível apontar aqui uma série de "remédios" para cada um desses problemas, na prática, quando vamos testar nas pessoas, é simplesmente inviável e muito complicado de aplicar no dia a dia. Por isso quebrei a cabeça para reunir uma forma prática e aplicável, que serve de maneira genérica aos fatores da procrastinação.

A procrastinação prejudicial acontece em geral porque, de alguma forma, estamos trocando um resultado de longo prazo por um prazer momentâneo. É assim que acontece quando deixamos de fazer o trabalho da faculdade para assistir a um programa de televisão ou quando adiamos a dieta para comer aquele bolo maravilhoso. Estamos trocando um prazer que está disponível por outro que ainda não temos. É o mesmo princípio que rege a atitude de um viciado em droga. Então a procrastinação é um vício? Podemos afirmar que ela funciona da mesma forma.

Antes de sair escrevendo algo genérico sobre alternativas para vencer a procrastinação prejudicial, eu fiz uma série de testes com técnicas diferenciadas sobre procrastinação. Foram convidados voluntários a partir de minhas redes sociais, da pesquisa, pessoas que espontaneamente entravam em contato com esse problema ou alunos de nossos cursos.

ENTÃO A PROCRASTINAÇÃO É UM VÍCIO?

SIM, PODEMOS AFIRMAR QUE ELA FUNCIONA DA MESMA FORMA.

O método de desenvolvimento foi o seguinte: selecionamos pessoas que apresentavam uma ou duas atividades que vinham procrastinando (tomei o cuidado de escolher atividades práticas como "começar a academia, finalizar meu trabalho de conclusão de curso" [TCC] etc., nada de coisas subjetivas como "ser uma pessoa melhor").

Para cada pessoa, eu selecionava uma técnica a ser aplicada na tentativa de executar a tarefa. Àquelas cujo resultado foi nulo na primeira tentativa eu ensinava outra técnica, e repetia em mais dois candidatos a técnica que não deu certo, exatamente da mesma forma. Cada pessoa testou uma média de três técnicas, sendo que uma delas era sempre um "placebo".

Com isso eu tinha um conjunto de técnicas diferentes e o resultado da aplicação de cada uma com base na experimentação dos voluntários. O objetivo era identificar as mais eficazes e separar as ineficazes. No total foram 86 pessoas, 14 simplesmente desistiram no meio do caminho (não queriam mais aplicar o que estávamos propondo e foram retiradas do estudo), 52 foram colocadas em um grupo chamado "grupo de testes", o qual aplicou em média quatro técnicas, de um total de sete técnicas diferentes.

Selecionamos outras 20 pessoas para aplicarem apenas técnicas "placebo", sem nenhuma relação com a pesquisa, criadas por mim ou que aparecem na literatura de gestão de tempo ou procrastinação. Chamei esse grupo de "controle", pois ele me permitiria testar se apenas a pressão externa dava resultado ou se as técnicas aplicadas ao grupo de testes realmente tinham fundamento.

O resultado acabou tornando toda a pesquisa mais interessante, pois não tive uma técnica, do grupo de testes, que nunca haja funcionado. Quando a técnica falhava nas duas primeiras tentativas, a terceira a salvava. Algumas técnicas tiveram resultados excepcionais, mas, quando davam certo com três pessoas, em uma quarta ou quinta experimentação elas não funcionavam. Apesar de algumas terem certo destaque no resultado, nenhuma delas se revelou infalível e sempre precisaram de alguma complementar.

Também não foi possível relacionar os fatores que as pessoas procrastinavam com técnicas específicas. Isso era extremamente variável e foi praticamente impossível estabelecer uma relação.

O que vou detalhar a seguir são as técnicas testadas nas pessoas. Não escrevi por ordem de eficácia, pois isso seria incorreto. A ordem em que aparecem representa simplesmente o que acredito que seja um roteiro mais fácil de implementar, se você for testando uma a uma.

Alguns pressupostos são fundamentais para a execução da tarefa: a ideia precisa ser única (selecionada previamente); a atividade precisa ser de curta duração (algo que leve, no máximo, três horas ininterruptas para ser concluído) e ser totalmente possível de você realizar (não depende de algo acontecer).

A melhor forma de aplicar as técnicas a seguir é selecionar uma ideia única e utilizá-las sequencialmente até concluí-las. Se preferir, vá direto àquelas que parecem mais coerentes com o fator que está procrastinando e tente experimentar.

1. Bloqueie um tempo na agenda

Se a atividade está sendo adiada e traz resultado, significa que ela é importante, mas não urgente, ou seja, ela pode esperar horas, dias, semanas ou até mesmo meses para ser executada. Se ela pode ficar à espera, então você tem a flexibilidade de selecionar um dia na sua agenda e reservar como se fosse uma reunião, com hora marcada para começar e terminar, desde que não supere 3 horas consecutivas de duração.

O segredo para funcionar é reservar um período estratégico que evite interrupções ou cancelamentos. Por exemplo, você pode negociar com seu chefe um home office das 8h às 11h para resolver esse relatório que está pendente ou talvez sair mais cedo para isso. Talvez você possa reservar um sábado ensolarado que não tenha marcado para começar aquela caminhada que está adiando, e assim por diante.

Caso você use um software como o Microsoft Outlook, Lotus Notes, Neotriad ou algum smartphone, eu recomendo que você faça um convite da reunião formalmente. Mesmo que apenas você esteja no convite.

Esta foi a técnica básica que aplicamos em todas as pessoas testadas, para garantir que tempo não fosse uma desculpa.

2. Crie um ritual de execução

Uma das coisas que eu mais procrastino na vida é escrever textos, particularmente artigos, livros, minha coluna mensal nos portais, ou dar uma entrevista. Diferentemente de alguns amigos que são grandes escritores e amam escrever, eu gosto de ter os insights, mas não sou fanático por escrevê-los. Imagine quanto isso atrapalha minha vida.

Ao longo do tempo consegui desenvolver um "ritual" pessoal que me coloca em estado de criatividade e foco e me permite concluir rapidamente o que precisa ser escrito.

O meu ritual consiste em, primeiro, desligar a wireless do meu notebook, com isso eu simplesmente fico incapacitado de conectar a internet e me distrair com coisas circunstanciais. Depois conecto no canal de música da televisão a cabo, ou ligo meu Zune (equivalente ao Ipod, só que da Microsoft) e deixo músicas legais tocando em um volume mediano. Quando vou começar um livro, eu costumo criar uma biblioteca (coleção de músicas) chamada "Inspiração Livro X", assim evito ter que pular as músicas chatas. Por exemplo, neste momento estou num voo para Recife, três horas "bloqueadas", computador sem wireless e música boa rolando.

Só consigo escrever assim. Esse é o meu ritual. Se estou na sala, sem wireless, ligo no canal de música e automaticamente meu cérebro se toca de que é hora de escrever. Funciona muito bem, prova disso é este livro que você está lendo agora, caso contrário ele seria apenas um sonho na minha cabeça.

O que o deixa motivado a fazer alguma coisa? Comer algo saboroso? Acender incenso? Tomar uma ducha? Escrever em uma lousa? Tomar um café? Assistir a um vídeo?

Cada pessoa precisa descobrir e desenvolver seu próprio ritual, mas de preferência siga o passo de se desconectar da internet, afinal, sem rede ligada você não tem o impulso de ficar verificando o Facebook, o e-mail etc.

3. Descubra os fatores positivos e os fatores negativos

Selecione a atividade que precisa ser executada, pegue uma folha de papel (ou o computador – mas isso precisa ser escrito ou digitado, não vale pensamento) e a divida em duas colunas: Fatores Positivos e Fatores Negativos.

No lado dos fatores positivos escreva tudo o que pode acontecer de positivo, se a atividade for concluída. Pense em todos os aspectos benéficos de sua execução. Ao terminar, pense em tudo o que pode acontecer de ruim, se a atividade não for executada; quanto pior, melhor. Pense no que pode dar realmente errado, se aquela atividade específica não for feita.

Um dos meus voluntários, Sandro, de Cuiabá, estava protelando há vários dias a execução da Demonstração do Resultado do Exercício (DRE), realmente uma tarefa chata, não é mesmo? Eu lhe pedi que fizesse a seguinte relação:

O que fazer a DRE pode trazer de positivo:	O que deixar de fazer a DRE pode trazer de negativo:
Estou a par da situação do meu negócio; Posso decidir sobre mudanças de rumo; Sinto-me produtivo e útil.	Fico desinformado, sem saber da realidade; Não sei tomar decisões necessárias; Perco dinheiro; Fico ansioso e desmotivado.

A lista pode ser grande, não precisa se limitar a três ou quatro itens; quanto maior, melhor. O mais importante é que os motivos sejam reais e muito fortes para você; caso contrário, não terá o efeito necessário. Quanto mais fundo você for capaz de ir, mais resultado terá.

Na hora de executar a tarefa, se sentir vontade de adiar, leia com extrema atenção a lista, iniciando pelos itens positivos e passando depois para os itens negativos, de preferência quase que imaginando os itens escritos, e então comece a atividade. Esse exercício trabalha com o lado racional e o emocional do cérebro; em um dos dois você vai se motivar para fazer. Ou porque quer algo pronto, ou porque quer evitar problemas se aquilo não for feito.

4. Execute pequenas atividades

Aristóteles observou que "um corpo só permanece em movimento se estiver atuando sobre ele uma força". Galileu, partindo desta e de outras observações, chegou à propriedade física da matéria chamada inércia. Segundo ele, se não há forças atuando sobre um corpo ou se este corpo está submetido a um conjunto de forças de resultante nula, ele tende a ficar em repouso. Se o corpo está em movimento, tem tendência a permanecer em movimento. A partir deste conceito, Newton formulou a Lei da Inércia.

Em muitos casos, você procrastina porque está em inércia. Imagine a cena: domingo, depois do almoço, você está na sala, vendo um pouquinho de TV antes de encarar a leitura de uns textos para escrever seu TCC. As horas passam e você já está no terceiro programa de TV, todo jogado no sofá, e nada de ligar o computador para fazer o trabalho. É a inércia atuando em sua vida. Você não está atuando em nada e nada vai entrar em ação por você!

Para vencer esse estado de inércia, comece a aplicar força à sua execução, mas não diretamente à atividade. Experimente fazer coisas menores, de rápida conclusão (poucos minutos), coisas que o façam se movimentar e que ativem seu córtex. É o aquecimento dos motores.

Voltando ao exemplo do TCC, supondo que você almoçou e está na frente da TV, que tal se oferecer para tirar a mesa? Para lavar os pratos? Para varrer a sala? Concluídas as atividades, você desliga a TV, pega o computador e abre direto no seu TCC. Você acabou de se colocar em estado de execução. Varie as atividades anteriores, mas tenha certeza de que elas são curtas e podem ser facilmente concluídas. Se tiver filhos pequenos que não querem arrumar a bagunça, experimente aplicar esse conceito, duas ou três atividades curtas antes, e veja a bagunça sumir!

5. Fatores de incentivo

Embora, particularmente, eu não goste desta técnica, pois acredito que precisamos buscar em nós mesmos o motivo para fazer, e não ficar sempre esperando que algo externo nos incentive, ela foi funcional para muitas pessoas.

Esta técnica consiste em trocar "a execução da tarefa" pelo "benefício posterior". Muitas pessoas já fazem isso sem mesmo perceber. Alguns vendedores só conseguem bater as metas no fim do mês quando o risco de perderem a comissão (ou o emprego) está alto. Eu já vi gente trocar a execução de um "relatório chato" por uma trufa ou coisa parecida. Se você parar para pensar, quase tudo no mundo se dá na base da troca: trabalhamos por um salário, somos amigos para termos amigos etc.

Em algumas pessoas, essa prática é muito forte e, pelo que pude perceber na pesquisa, elas funcionam muito bem quando condicionam a conclusão da tarefa a algo que queiram muito. O importante para essa técnica funcionar é selecionar algo que realmente o incentive a obter, ou o benefício será menor do que o esforço, e aí não vai funcionar.

6. Energia pessoal

Conforme detalhei anteriormente, energia pessoal é a capacidade de manter em equilíbrio os corpos físico (saúde, qualidade de sono,

EM MUITOS CASOS, VOCÊ PROCRASTINA PORQUE ESTÁ EM INÉRCIA.

alimentação adequada etc.), mental, emocional e espiritual. É você cuidando da pessoa mais importante da sua vida: você.

Se sua energia pessoal estiver prejudicada, você fica indisposto, sem vontade, seu cérebro não tem a energia necessária para pensar do jeito que deveria! É como ter uma Ferrari e abastecê-la de gasolina adulterada, de péssima qualidade. Vai andar, mas não terá nem um terço da potência de uma Ferrari.

Pessoas que sentem dores crônicas podem ter sua energia pessoal afetada, pessoas com problemas de relacionamento perdem o foco e consequentemente sua produtividade, pessoas cansadas por uma noite maldormida não conseguem pensar direito, e por aí vai.

Se esse é o seu caso, a alternativa é descobrir o momento de pico da sua energia pessoal, aquele em que estiver mais disposto, e então largar as outras prioridades e focar na atividade que precisa ser realizada. Quando sentir que a energia acabou, encerre a atividade e a retome quando estiver mais motivado. Dar uma "acelerada" nos momentos em que estiver disposto é melhor do que enrolar a atividade eternamente.

Você também deve estabelecer seus rituais de "recuperação" de energia, algo que ajude a dar um gás quando você estiver cansado.

7. Ajuda externa

Este foi o destaque dos testes: a pressão externa ou o apoio de alguém de fora parece realmente ser de grande ajuda para vencer a barreira da procrastinação. Foram inúmeras as vezes que a pessoa se comprometia com a atividade no grupo de testes, e no dia, de repente, eu ligava e perguntava: "Oi! É o Christian, tudo bem? Você disse que hoje ia fazer a matrícula na sua academia; e aí, fez?" As pessoas ficavam surpresas com a ligação. Algumas já haviam cumprido seu propósito, mas as que ainda não tinham feito isso simplesmente se prontificavam a fazer, algo como se um "chefe" externo as estivesse impelindo a realizar algo. Em 71% dos casos, quando eu liguei pela segunda vez, a pessoa já tinha feito.

Ajuda externa pode ser uma pessoa de fora cobrando ou incentivando o outro a fazer a atividade. Alguém como um amigo, a esposa, o chefe, um *coach*. E isso já responde à pergunta: *coaching* funciona? Sim! Depende bastante da competência do coach, mas esse comprometimento com alguém é positivo.

Ajuda externa pode ser também convidar alguém que o auxilie a cumprir sua tarefa. Pode ser um especialista, alguém que conheça bem o assunto. Trata-se da técnica chamada delegação da atividade. Sua aplicação consiste em escolher uma pessoa para ajudá-lo na realização da tarefa, seja fazendo algo pessoalmente, seja incentivando-o por meio da cobrança externa do fez/não fez. Se resolver achar alguém para cobrar algo de você, é preciso que seja uma pessoa com a qual você tenha um alto nível de comprometimento! Não vale pedir ao seu filho de 6 anos que fique incentivando você a ir à academia!

*

As técnicas apresentadas aqui tiveram um nível real de eficácia em nosso estudo com o grupo de testes. O grupo de controle aplicou técnicas placebo como pensamento positivo, ginástica laboral prévia, simplesmente tentar fazer, pressão por cobrança excessiva, e-mail de follow-up, fazer em um horário sem interrupções e visualizar a tarefa realizada. Essas "técnicas" conseguiram fazer apenas 7% das pessoas realizarem as tarefas a que se propuseram. Para 93% das pessoas do grupo de controle, as tarefas não saíram do lugar. Já o grupo de testes, que aplicou as técnicas mencionadas, obteve êxito em 85% dos casos, enquanto 15% não conseguiram resultados mesmo com as técnicas propostas.

Experimente a técnica que for mais adequada ao seu fator de procrastinação, junte com mais duas ou três técnicas que achar pertinentes e aplique à atividade selecionada e individualizada. Lembre-se de que, sem os fatores previamente discutidos – atividade de curta duração e micro sob controle (outros programas devem estar fechados) –, a chance de execução também será reduzida ou inviável.

Vai chegar um momento em que você será capaz de criar suas próprias técnicas e aplicá-las com constância em qualquer atividade que estiver sendo adiada. Não transforme essa prática em algo banal, que você aplica em qualquer tarefa, senão ela perderá o efeito. Guarde isso como se fosse uma "arma secreta", que você usa apenas quando precisa fazer acontecer.

Se nada der resultado, considere a possibilidade de buscar ajuda, uma conversa com alguém, um psicólogo. Existem fatores bloqueadores que estão tão escondidos que não conseguimos lidar sozinhos com eles. O importante é não desistir.

É RARO EXISTIR A CIRCUNSTÂNCIA IDEAL PARA QUE ALGO ACONTEÇA E, EM MUITOS CASOS, ELA PODE DEMORAR MAIS DO QUE GOSTARÍAMOS.

Não espere o momento ideal

Adiar atividades de forma prejudicial é a receita infalível para manter você na célula 1 ou 2, pois procrastinar prejudica o resultado, já que leva o seu foco para atividades que não são de fato essenciais. Você acaba lotando o dia a dia de coisas circunstanciais e deixando de lado o que realmente o coloca na célula 4, do equilíbrio e resultado.

Algumas pessoas pensam que é preciso esperar o momento certo. A verdade é que é raro existir a circunstância ideal para que algo aconteça e, em muitos casos, ela pode demorar mais do que gostaríamos. Isso não significa ser inconsequente, como, por exemplo, abrir uma empresa com alto risco em um momento de crise (claro que esse não é o momento certo). Mas será que mesmo em períodos de economia estável haverá um momento certo? Nem sempre, com certeza.

O momento ideal é aquele que você cria, é a conjunção da oportunidade com a sua capacidade de executar o que precisa ser feito. É o momento em que você decide arriscar, em que você decide experimentar e se põe à prova para fazer.

Algumas pessoas têm um "drive" natural para isso, elas simplesmente fazem a coisa acontecer em qualquer momento. E nem por isso deixam de procrastinar, mas sabem entrar na procrastinação aceitável e conseguem identificar quando estão fora dela.

Entrar na célula 4, de equilíbrio e resultado, é ter a capacidade de selecionar as melhores ideias, é transformar essas ideias em tarefas executáveis e, principalmente, é conseguir levá-las adiante.

PESSOAS QUE ALCANÇARAM RESULTADO E EQUILÍBRIO

Em meu trabalho com produtividade, a parte mais prazerosa é quando vejo as pessoas aprenderem a focar seu tempo naquilo que realmente importa, quando uma pessoa muda seu *mindset* improdutivo para outro no qual o tempo se torna o personagem principal. Infelizmente algumas pessoas precisam perder para entender a importância de sair da matriz e analisar a vida por outro contexto. Há pessoas que correm tanto que chegam cansadas a lugar algum e, inconscientemente ou até conscientemente, se conformam com a mediocridade dessa condição.

Sair da "Matrix", como no filme, é sair dessa mediocridade à qual nos acostumamos. Eu fui um medíocre, aceitei isso durante parte da minha vida, a ponto de não me incomodar mais. Mas aí vem a vida, tira todas as suas respostas e começa a lhe trazer novas perguntas para as quais você não está preparado. É quando se abre um buraco dentro da matriz que nos dá a luz do caminho para a célula 4.

Esse buraco se abriu para mim em função de uma doença, alguns buracos se abrem por problemas financeiros, por problemas de relacionamento, por depressão, por perdas materiais e imateriais, pela falta de perdão etc.

De acordo com os dicionários, medíocre é aquilo que é de qualidade média, comum, modesto, pequeno. Será que os últimos anos de nossas vidas não foram anos modestos, comuns, medíocres?

A vida nas células 1, 2 e 3 é medíocre. É fácil se achar bom quando os padrões são pequenos, quando a média que nos serve de modelo é baixa. As pessoas dedicam um tempo medíocre a fazer sua carreira dar uma guinada; é medíocre o tempo que dedicam à família, a suas ideias, a si próprias. É fácil ser medíocre, é fácil estar na média ou se igualar por ela.

É preciso ter um novo *mindset* para fugir da mediocridade da matriz, adotar uma nova postura desde agora. Não intelectualize aquilo que você leu, duvide e experimente. Pare de reclamar que não tem tempo, quando na verdade você está preguiçoso para planejar e ainda esquece de todo dia anotar e priorizar o que deve ser feito. Pare de ser medíocre, dizendo que a vida sorri para poucos escolhidos, e faça você a escolha para a vida. Pare de ser medíocre nos seus resultados e no seu equilíbrio.

Para escrever este livro, andei à caça de pessoas fora da curva, pessoas que chegaram, permanecem e expandiram a célula 4 a níveis impressionantes. Pessoas que nem de longe podem ser chamadas de medíocres, pessoas que fizeram suas ideias acontecerem e conseguiram chegar a um ponto de equilíbrio e resultado na vida. A conclusão que tiro dessas pessoas é que elas desenvolveram uma incrível capacidade de tornar seu *mindset* um escravo dos seus desejos.

O monstro em pessoa: Jeff Taylor

Em 1993, após a recessão dos anos 1990 nos Estados Unidos, o então dono de uma agência de anúncios de recursos humanos, Jeff Taylor, precisava de uma estratégia, pois os anúncios no jornal de recrutamento para seus clientes de TI não estavam funcionando tão bem. Nessa época ele mantinha um caderno na cabeceira, pois acordava cheio de ideias e precisava escrevê-las. Foi aí que teve uma ideia monstruosa: criar uma BBS (predecessora da internet) para empregos. Ele lembra que acordou um dia às 4h30 da manhã, foi para uma cafeteria e começou a desenhar a interface dessa BBS, que foi utilizada quando o projeto foi lançado.

Esse foi o começo da primeira e maior empresa de currículos on-line do mundo, a Monster.com, que foi lançada oficialmente em abril de 1994, o 454º domínio pontocom registrado na internet. Seis meses depois, ele quase fechou a empresa e abandonou a ideia. Não tinha clientes, os funcionários e sócios na agência estavam irritados com o foco dele nessa nova ideia e ainda faltava dinheiro para o negócio deslanchar. Era uma época sem resultado e equilíbrio, mas, por acreditar na ideia, ele persistiu.

Em 1995 Taylor vendeu a empresa para a TMP Worldwide e com isso iniciou a divisão TMP Interactive, com o site Monster.com como único produto, que, com apoio e muito trabalho, se tornou o maior sucesso da internet, presente em mais de 40 países, inclusive no Brasil.

Atualmente Jeff é um "empreendedor serial". Ele desenvolveu e vendeu uma série de negócios, entre eles: Eons.com (uma comunidade on-line para adultos) e Tributes.com (um portal de anúncio de obituários on-line).

Seu mais recente empreendimento é a buffalo.dj, empresa de entretenimento para divulgação e produção de DJs e VJs, que tem a ver com um hobby que ele cultiva pessoalmente desde 1979 – seu nome "DJ" é Jeff Tale.

Eu tinha a maior vontade de conhecer Jeff Taylor, afinal ele é parte da história da internet. Ele foi pioneiro, transformou o Monster.com no maior site de empregos do mundo, com mais de 40 milhões de visitantes. Fez fortuna ao longo do processo e desenvolveu uma série de novas startups. Achei que era o cara perfeito para exemplificar a célula 4 e ele só comprovou isso quando aceitou o convite para participar do livro e compartilhar sua história.

Jeff é pai de três filhos do primeiro casamento (hoje com 23, 20 e 17 anos) e de um garotinho de um ano, com sua esposa atual. O filho mais velho é DJ, assim como o pai, e o novo negócio de certa forma "envolve a família". Ele sempre procura ter momentos prazerosos com os filhos: assiste a jogos de basquete e vê seus rebentos com muita frequência. Diz que os fins de semana são dedicados à família. Além disso, procura chegar cedo em casa algumas vezes na semana para dar banho no bebê e jantar com a esposa.

Um dos seus hobbies é seu barco, um *tugboat* de 1954, e outro é comprar casas antigas para reformá-las. Ele gosta de estar sempre construindo coisas. Além disso, é fanático por música e vive seu hobby atuando em algumas festas e bares como DJ.

Outro ponto-chave do Jeff é fazer com que seu trabalho e sua vida pessoal sejam coisas prazerosas, divertidas, que ele ama de verdade, por isso procura trabalhar com pessoas que fazem a diferença: "Seu trabalho diário é parte da sua vida pessoal, porque há relações envolvidas e você está em busca de sua paixão. Em outras palavras, não separar vida pessoal e profissional é a forma de encontrar meu equilíbrio."

O conceito está certíssimo! Você não tem duas vidas, é impossível separar a vida profissional da pessoal, é tudo junto mesmo. Se você está mal em casa, vai afetar seu trabalho, e vice-versa. Quanto mais você separa, mais se frustra. Quando chegamos a um ponto de equilíbrio, as duas coisas são complementares e coexistem em plena harmonia: equilíbrio apoiando a geração de resultados e assim por diante.

Jeff é uma pessoa que tem milhares de ideias, como ele mesmo diz: "Uma única ideia pode transformar o mundo. Eu vivo de ideias." Quando perguntei como ele faz para selecionar suas ideias, ele respondeu:

> Eu tenho TDAH *(transtorno do déficit de atenção com hiperatividade), então tenho que ter certeza de que não estou trabalhando em muitas ideias. O que faço é selecionar a ideia principal e obter mais ideias dentro desse contexto. Quando tenho uma ideia, procuro desenhá-la. Se não posso desenhar, não posso construí-la. Eu desenho tudo no papel, o logo, a interface, o site, tudo.*

Quanto à procrastinação, é notória a forma como ele disciplinou sua mente para "executar". Ele prefere ter muitas reuniões em alguns dias, chegando a 12 em um único dia para tratar da ideia em questão. Isso o força a avançar na direção do que quer.

> *Eu tenho uma rotina, não penso muito sobre certos aspectos da vida. Quando preciso fazer exercício, eu vou lá e faço; quando preciso ir ao escritório, eu vou. Para isso mantenho uma agenda e alimento certa expectativa em torno daquilo que vou fazer. Isso me ajuda a não procrastinar.*
>
> *Em vez de ficar pensando demais no resultado, procuro pensar na jornada, nas pequenas coisas que preciso fazer para chegar lá. Algumas pessoas se concentram demais no resultado e se sentem aliviadas, outras nunca vão chegar lá e se frustram. Eu vivo a jornada.*
>
> *Eu sou o CEO da minha vida; antes de qualquer cargo, eu preciso ter uma atitude para organizar minha vida e crescer. Tenho que ter minhas próprias expectativas e segui-las. Como CEO, muitas vezes você tem de fazer coisas que não são agradáveis, que são verdadeiros desafios, e esse é o nosso papel.*

Jeff Taylor é realmente uma pessoa que treinou seu *mindset* para fazer aquilo que tem relevância para ele. Apesar de ter centenas de ideias, ele é capaz de selecionar a mais importante, traçar um plano de ação e vê-la pronta. Seus últimos empreendimentos são prova dessa capacidade única que ele possui.

Super-humano: João Doria Jr.

Outro exemplo de pessoa que aplica com maestria os três fatores críticos para equilíbrio e resultado é João Doria Jr. (político, empresário, publicitário e jornalista). A história do João é muito interessante, ele não teve nada de mão beijada, precisou ir atrás de tudo o que tem hoje. Seu pai foi deputado federal, cassado e exilado em 1964 após o golpe militar. Ele e seu irmão ficaram em Paris por dois anos, até que o dinheiro acabou e eles voltaram para o Brasil, junto com sua mãe, sem recursos.

Com a mudança radical no seu padrão de vida, sua mãe teve de começar a trabalhar (na década de 1950, a mulher não era criada para trabalhar e sustentar a casa, isso era papel do homem) e sofreu muito com a discriminação, com o exílio do marido e com a situação em que se encontrava. Seus amigos e familiares simplesmente desapareceram em função do preconceito.

Para ajudar a mãe, João começou a trabalhar aos 13 anos, como estagiário na agência de propaganda Ogilvy. Dez anos depois da cassação do marido, consumida pelo estresse, o abatimento moral, as dívidas e o trabalho árduo, sua mãe veio a falecer, aos 34 anos de idade.

Essa foi a época em que o João esteve na célula 2, sem resultado, sem equilíbrio, vivendo a "Matrix" do dia a dia. O que ele podia fazer era agarrar a oportunidade do estágio e buscar rapidamente evoluir na carreira. Ele passou pela extinta TV Tupi, onde sua extrema dedicação o levou a se tornar diretor de comunicação aos 18 anos. Aos 21, assumiu a Secretaria de Turismo de São Paulo e a presidência da Paulistur e foi professor de marketing da Fundação Armando Álvares Penteado (FAAP), em São Paulo. Entre 1986 e 1988 foi presidente da Embratur e do Conselho Nacional de Turismo, na época do presidente José Sarney. Sua carreira sempre foi cercada pela tríade de TV, relacionamentos e política, mas não foi com isso que ele fez seu primeiro milhão.

> *Não conto dinheiro, mas posso dizer que a primeira vez que vi um dinheiro substancial foi quando fiz a venda da minha empresa para a multinacional FCB. Foi uma experiência que me trouxe uma felicidade adicional. Nunca tinha somado um recurso daquela ordem. O que fiz com o dinheiro foi sair de um apartamento de um quarto e 50 metros quadrados e comprar um de 250 metros quadrados. Pude casar com a*

É FÁCIL SE ACHAR BOM QUANDO OS PADRÕES SÃO PEQUENOS, QUANDO A MÉDIA QUE NOS SERVE DE MODELO É BAIXA.

minha mulher, Bia, com quem estou até hoje. Também tive meu primeiro filho, o João Doria Neto.

Atualmente preside o Grupo Doria e o LIDE – Grupo de Líderes Empresariais, que reúne mais de 900 das maiores empresas do país, com franca expansão no exterior.

A capacidade de realização do João é impressionante, qualquer ideia que ele coloca na cabeça acontece. Ele seleciona a ideia, planeja os detalhes e não tem preguiça na execução. Atualmente organiza mais de 300 eventos por ano, dos quais participam os principais executivos, empresários e políticos do país. Cada um exige centenas de detalhes e tudo acontece perfeitamente. O João faz questão de acompanhar de perto a qualidade do empreendimento.

Apesar de tantas empresas e atribuições, Doria não se considera uma pessoa estressada: "Sou controlado. Administro muito bem isso, sou rigoroso, exigente. Não grito, não xingo e não bato na mesa. Mas tenho firmeza na conduta e nos processos."

Quem vê o João sem conhecer a pessoa por trás do profissional pensa logo que ele é o exemplo perfeito da célula 3 (alto resultado e baixo equilíbrio), mas ele demonstrou muito mais do que isso. Assim como o Jeff, o trabalho faz parte do seu equilíbrio. Se você tirar o trabalho do João ou do Jeff, você mata o equilíbrio deles, mata uma parte do seu sentido de existência, uma parte da sua paixão. Não podemos julgar isso e cada um sabe do seu limite, desde que não atrapalhe sua saúde e seus relacionamentos. No caso do João, perguntei se ele se considerava um *workaholic* e ele respondeu:

O trabalho é o meu equilíbrio. Não me vejo como uma pessoa exemplar. Eu trabalho entre 16 e 18 horas por dia, minha carga horária é excessiva, mas me alimenta, não me faz mal, não me desgasta. Eu sei bem o que fazer no dia, escrevo tudo, deixo meu cérebro livre para ideias, para criar e pensar em outras coisas. Eu me disciplinei para dormir quatro horas por dia, faço isso sempre, desde jovem. Sempre estudei de manhã e isso começou a definir minha disciplina, acordar cedo. No período de dificuldade eu trabalhava de dia, estudava à noite, ia de ônibus, andava para chegar em casa. Eu tinha literalmente pouco tempo, pois sobravam poucas horas. Com os anos dominei essa rotina de sono e hoje tenho total controle. Eu durmo muito bem, nunca precisei tomar remédio para dormir, não bebo, não fumo, me alimento bem.

Preciso de um dia por semana (em geral sábado ou domingo) para dormir um pouco mais, algo entre seis e sete horas, o que me revigora e me deixa com pique total na segunda-feira. Faço exercícios todo dia, uma hora duas vezes por semana e 10 a 15 minutos nos outros dias, constantemente. Isso é disciplina: a mente manda, o corpo obedece. Eu não posso ter preguiça. Ação mente-corpo não deixa a preguiça vencer. Se não fizer de manhã, faço de tarde. Tenho domínio pleno do meu corpo. No meu tempo livre, jogo futebol e assisto a partidas, gosto de bons filmes, adoro ir ao cinema, telão, pipoca e ficar com minha família.

Por isso classifiquei o João de "super-humano": ele tem padrões energéticos de trabalho que poucos seres humanos conseguem ter. Ele realmente não é um exemplo a ser seguido. Funciona bem para ele, mas provavelmente não vai funcionar para você. Eu não conseguiria dormir quatro horas, fazer exercícios, ter tempo para a família, me alimentar bem e ainda ter disposição para o trabalho.

Ele é uma relação única de resultado e equilíbrio, que possivelmente não se aplicaria à maioria das pessoas. Conhecendo o João, eu revi minha opinião sobre *workaholic*. *Workaholic* é o cara viciado em trabalho, que só pensa nisso e deixa de lado sua saúde, alimentação, família e seu bem-estar, o que está longe de ser o caso do João.

Se você disser ao João "A partir de amanhã você vai trabalhar apenas 10 horas por dia, depois vai para casa ou vai fazer uma atividade qualquer", terá um João Doria Jr. frustrado, depressivo e talvez infeliz. Bem diferente do João de hoje em dia.

O trabalho não tem fim. Se quiser, você pode ficar na empresa 48 horas ininterruptas que terá sempre algo para fazer. Agora, o seu tempo, este, sim, é finito. Precisamos aprender a limitar nosso tempo a fim de que ele nos traga equilíbrio, felicidade e resultados. Se seu limite de equilíbrio for 8h, 9h, 10h, 12h ou 16h de trabalho por dia, é uma questão que só você é capaz de responder. Claro que é uma linha muito tênue essa relação com o trabalho e o tempo fora dele. Se você só trabalha, aí você tem um problema, é preciso dosar muito bem e saber em que ponto você está ultrapassando seu equilíbrio.

*

Quando perguntei ao João como ele coloca suas ideias para serem executadas, quando seleciona o que deve ser feito, ele disse: "Eu sei bem o que quero. Quando defino o que focar, eu escrevo, planejo e executo com extrema disciplina. Esta é minha palavra: disciplina. Ela reduz meu estresse, faz minha mente funcionar melhor, me dá todas as respostas. Sem disciplina a pessoa foge, se droga, bebe ou adia, e aí nunca vai fazer." No caso da procrastinação, mais uma vez a prova de um *mindset* totalmente treinado para fazer a coisa acontecer:

> *Se adio, é sempre por curto tempo e quando são decisões motivadas por coisas críticas (injustiças, problemas, resoluções complicadas). Quando é algo mais difícil, eu tento dar a resposta no dia seguinte, quando posso. É sempre melhor, menos emotiva e mais racional. Eu adio, mas pouco. Meu timing é bem claro, o trabalho não é uma espada sobre mim. Se puder cumprir no tempo que defini, ótimo; se não puder, vou me reorganizar para cumprir. Sempre com disciplina e dentro do que preciso obter. Com minha equipe uso o mesmo princípio de disciplina mental para execução. Eu sempre estabeleço prazo e qualidade em tudo o que tem de ser feito. Eu abomino a preguiça, a falta de comprometimento, procuro quem tem energia boa e positiva. Prefiro isso a profissionais com grande sabedoria, mas que são preguiçosos e presunçosos.*

Uma das frases desse *mindset* "João Doria Jr." que adotei e sugiro que você reflita a respeito é: "A mente manda, o corpo obedece." Repito isso algumas vezes na minha mente, penso no resultado e começo a fazer. A coisa flui, dá para entender o que o João fala sobre "disciplinar a mente".

*

Tanto o Jeff quanto o João são casos de sucesso da célula 4, mas você também pode fazer parte dessa história. Ela não é reservada a empreendedores, gênios ou caras de sorte. É reservada a pessoas que aprendem que podem se mover na matriz, treinando seu cérebro para ter atitudes diferentes nas suas ideias, execução e para evitar a procrastinação prejudicial.

CONCLUSÃO E
APRENDIZAGEM PESSOAL

Para concluir este livro, eu queria falar do começo, pois afinal esta foi a maior experiência de vida que tive. O aprendizado do livro se misturou com o próprio livro. A ideia original nasceu no começo de 2009, quando recebi uma proposta para escrever um livro sobre qualidade de vida. Não tínhamos conteúdo, apenas o título, e sabíamos que o assunto deveria ser equilíbrio. No meio do ano, li um artigo sobre procrastinação e me interessei pelo tema, mas não tinha nenhuma pesquisa própria sobre isso; então resolvi criar a pesquisa e o que fiz foi basicamente planejar esse trabalho, para começar por volta de agosto.

Na mesma época surgiu a oportunidade de escrever *Mais tempo mais dinheiro*, com meu amigo Gustavo Cerbasi, e, como este projeto ainda não estava formatado nem efetivamente contratado, deixei-o na gaveta das ideias. O ano seguinte foi um ano de expansão da empresa para o exterior e meu foco não estava em escrever livro algum, mas em novembro de 2010 eu decidi que essa pesquisa deveria virar um livro, pois era um tema que ia ajudar muita gente a sair do lugar. No dia 4 de julho de 2010 defini a primeira tarefa específica para a criação deste livro: criar o mapa mental dele (eu sempre crio um roteiro com os capítulos e as principais ideias antes de escrever qualquer texto), mas pouca coisa foi adiante. Embora a pesquisa estivesse em andamento, eu me encontrava totalmente sem ideias. Chega um momento em que – concentrado no mesmo tema por muitos anos, pesquisando, vendo muita coisa igual, muita cópia com palavras diferentes – você simplesmente se paralisa, a criatividade desaparece. É o momento de achar uma forma de se reinventar.

Isso simplesmente me paralisou por um tempo, eu precisava de um bom insight para o livro e ele não vinha. Eu necessitava de algo novo e comecei a buscar coisas novas. Foi quando me matriculei para fazer uma pós-graduação na Universidade da Califórnia, em Irvine (UCI), e escolhi como primeira disciplina Tomada de Decisões & Solução de Problemas. O professor me levou a algo que eu não esperava: meu cérebro. Todo o conteúdo era baseado em pesquisas sobre o funcionamento do cérebro na tomada de decisões e encontrei uma relação estreita com tudo o que eu já havia falado sobre produtividade. Agradeço ao meu professor pelo apoio nisso.

Como bom nerd que sou, comecei a ler tudo o que encontrava sobre o cérebro humano, conversei com médicos, neurocientistas, fui fazer ressonância magnética funcional associada a tempo – enfim, chegou um momento em que eu queria ser neurocientista!

Eu tinha milhares de ideias mas não conseguia ter foco para colocá-las em prática. Eu tinha um monte de referências, artigos e mais de 34 pesquisas para usar, mas não tinha a menor ideia de como juntar as peças, pois não conseguia formar a imagem final do quebra-cabeça. Isso estava me angustiando, me estressando, e então reservei um dia para selecionar as ideias, de maneira nem tão aprimorada como ensinei anteriormente, mas foi o embrião do modelo. Isso me deu um pouco mais de paz, afinal eu já tinha algum foco para seguir.

Como nada na vida acontece por acaso, alguns dias depois eu estava num avião indo para uma palestra e o passageiro ao meu lado perguntou por que o nome Neotriad para o software. Expliquei a razão e fiquei com essa lembrança na cabeça. No fim de semana passou a reprise de *Matrix* em algum canal de TV a cabo. Eu não vi todo o filme, só algumas partes, mas parece que o contexto da história se "linkou" perfeitamente com tudo o que eu tinha previamente selecionado para o livro. Foi onde nasceu a ideia da Matriz da Vida, do equilíbrio e resultado e do link com a pesquisa. No mesmo dia terminei o mapa mental e fui para o Neotriad criar o projeto do livro e as tarefas iniciais (42 tarefas naquele momento, além das criadas previamente para o trabalho de pesquisa que apresentei no capítulo 7).

E então, quando achamos que temos todas as respostas, vem a vida e muda todas as perguntas. Eu fui atacado por uma labirintite que não me deixava escrever nos momentos em que mais gostava, eu ficava cansado de tantas viagens, queria ler e pesquisar, queria fazer um monte de outras coisas que nada tinham a ver com o livro.

Eu não conseguia escrever! Passei a procrastinar. Foi aí que comecei a me perguntar por que eu não estava fazendo aquilo que deveria fazer. E esse foi o maior aprendizado em todo o processo, eu me vi na mesma situação das pessoas que estava pesquisando e precisei aplicar comigo o que estava testando. Até o final do livro foi assim. Foi o livro mais difícil, o que mais adiei, o que mais me deu preguiça e aquele em que precisei não só de um trabalho pessoal para aplicar as técnicas, mas também da essencial cobrança do meu editor, primordial para o processo.

Nos momentos em que realmente queria escrever (quando não queria, nada me servia de estímulo), para a coisa acontecer eu apliquei a técnica 1, ou seja, reservei espaço na agenda somente para isso. Depois mantive aquele ritual para a execução (música, sem wireless) e adicionei à minha vida um esporte que me dava mais energia e disposição (tênis). E assim o livro aconteceu. Em 18 meses, procrastinando, escrevi três capítulos e em mais três meses escrevi os outros sete dos dez capítulos que compõem o livro.

É impressionante como realmente o excesso de ideias e a procrastinação tiram nosso equilíbrio e por consequência o resultado. Não existe ninguém que não esteja sujeito a isso, é a natureza humana. Sair dessa armadilha é o caminho da sua paz interior, que de longe não é a ausência de conflitos internos, é viver pelos seus sonhos, pelas coisas nas quais você acredita, e isso muitas vezes exige um conflito que você precisa superar a fim de se fortalecer para os próximos desafios.

Nunca fiquei tão feliz de pôr o ponto final em um livro, a batalha foi vencida e espero que de fato ajude as pessoas a saírem do lugar também.

Posso dizer que a música *"The Climb"*, de Jessi Alexander e Jon Mabe, interpretada por Miley Cyrus, foi a trilha sonora deste livro.

A letra diz tudo o que passamos pela vida: sempre teremos batalhas, algumas vezes vamos perder, outras vamos ganhar, o mais importante é continuar se movendo, sendo forte. O mais importante não é quão rápido eu chego lá, não é apenas já ter chegado do outro lado da montanha, o mais importante é a escalada!

Sei que, no futuro, terei outros momentos como este, mas o legal da vida é olhar a montanha, levar pessoas realmente importantes com você e curtir o tempo da escalada.

Viva e compartilhe seus resultados e equilíbrio

Nosso foco é a célula 4, onde conseguimos, ao longo da jornada, conquistar equilíbrio com resultados; nada menos do que isso deve ser aceito pelo nosso *mindset*. A todo momento a vida nos coloca diante de obstáculos que nos permitem ajustar nosso rumo. Dependendo da célula que predomina em nossa vida, encaramos isso de forma diferente.

Eu fiz uma tabela que resume os aspectos de autopercepção, uso do tempo, percepção sobre os obstáculos da vida, esforço necessário para sair do lugar e como enxergamos o resultado dos outros. Repare nas entrevistas, nos casos relatados e veja as semelhanças, como resumo a seguir.

	CÉLULA 1 (Equilíbrio)	CÉLULA 2 (Sem nada)	CÉLULA 3 (Resultado)	CÉLULA 4 (R + E)
AUTO-PERCEPÇÃO	Estou bem e não sei se preciso mudar.	Não consigo dar certo, estou decepcionado.	Estou chegando ao pódio.	Estou realizado.
TEMPO PESSOAL	Aproveito bem o tempo.	Falta tempo, mas nem sei para quê.	Me sinto estressado e não tenho tempo para nada.	Meu tempo é bem utilizado para o que importa.
OBSTÁCULOS	Não vejo grande problema em algo dar errado.	Os obstáculos parecem uma barreira insuperável.	Crio mais necessidade de superar e agir mais.	Estou numa fase de aprendizado.
NÍVEL DE ESFORÇO	Eu me esforço pouco para preservar a qualidade de vida conquistada.	Reclamo, não vejo como pode me ajudar. É uma fuga.	O esforço é o motor da minha vida. Quanto mais melhor.	Caminho para o resultado.
OUTROS RESULTADOS	Reconheço, mas não vejo relação para minha vida.	Às vezes invejo a sorte dos outros. Me sinto longe desse ponto.	Tenho vontade de fazer mais para chegar lá também.	Aplaudo, compartilho e me energizo com inspiração.

Precisamos querer sair do lugar, escolher uma nova célula para habitar. Se não podemos mudar nosso passado, temos a obrigação de fazer novas escolhas e mudar o que virá no dia de amanhã. A vida passa rápido demais para aqueles que não sabem extrair o melhor que ela pode oferecer.

Espero ter ajudado você a refletir sobre o conceito de equilíbrio e resultado em sua vida. Compartilhe esse aprendizado com as pessoas de que gosta e às quais pretende dedicar seu tempo. Minha sugestão é que você crie um grupo de estudos sobre o que aprendeu neste livro. Após cada pessoa do grupo ler um capítulo, discutam durante uma hora, de forma focada, o que aprenderam e o que irão fazer com relação a sua própria vida nesse contexto. Anotem as ideias e acompanhem a evolução em reuniões mensais. É um reforçando o outro, de forma a fazer todo mundo deslanchar, progredir. Se quiser, crie uma página no Facebook, compartilhe os resultados do grupo e me convide para "linkar" seus progressos.

CONHEÇA OUTRO TÍTULO DO AUTOR

A tríade do tempo
Considerado o maior especialista em gestão do tempo no Brasil, Christian Barbosa oferece uma solução definitiva para quem deseja uma vida mais equilibrada, voltada para a realização dos seus sonhos.

Com base em uma pesquisa realizada com mais de 42 mil pessoas em todo o mundo, ele apresenta um inovador método de planejamento pessoal que vai ajudar você a organizar sua vida e se tornar mais produtivo.

A partir do conceito de que o tempo se divide em três esferas – importante, urgente e circunstancial –, o autor ensina como equilibrá-las para melhorar seu desempenho e como agir, caso você esteja desperdiçando energia demais na esfera errada.

A prática dessa metodologia, já testada e aprovada por milhares de pessoas, vai permitir que você encontre um momento para respirar entre uma tarefa e outra e consiga se dedicar ao que é realmente importante para sua vida.

A tríade do tempo traz ferramentas modernas que podem ser colocadas em prática tanto por quem utiliza agendas convencionais quanto por quem prefere soluções tecnológicas. Além disso, você vai:

- → Aprender efetivamente a equilibrar vida pessoal e profissional.
- → Identificar em que atividades está desperdiçando seu tempo.
- → Realizar projetos baseados em seus planejamentos.
- → Definir metas e estabelecer prazos para executá-las.
- → Evitar reuniões desnecessárias e outros compromissos inúteis.
- → Gerenciar seu e-mail e informações de uso pessoal.
- → Descobrir novas ferramentas para gerenciamento de equipes.

USE SEU TEMPO COM SABEDORIA, POIS ESSA É A ÚNICA FORMA DE TER VIDA DE VERDADE.

Fontes EUCLID FLEX, INGEBORG
Papel PÓLEN SOFT 80 g/m²
Impressão RR Donnelley